EL NUEVO EFECTO *WOW*
Innovando con propósito

Carlos Grau

EL NUEVO EFECTO *WOW*. Innovando con propósito

©Carlos Grau, 2024

De esta edición
© Seurat ediciones
http://www.seuratediciones.es
info@seuratediciones.es

Diseño de Cubierta
Editando // www.editando.es

ISBN-13: 978-84-125322-4-1

Depósito Legal: M-1221-2024

EL NUEVO EFECTO *WOW*
Innovando con propósito

Carlos Grau

A todos los que me habéis acompañado para transformar
una ilusión en este libro.

A mi querido amigo Gaspar Domínguez, a mis hijas Ana
y Lara, a mi estrecha colaboradora Noemí Artal y a mi editor
e impulsor de la iniciativa, David Escamilla.

A mi esposa Isabel y a los profesionales con los que he
compartido experiencias de crecimiento, innovación y
propósito.

ÍNDICE

1.

PRÓLOGO

Por José María Lassalle

Siempre fueron importantes los propósitos, pero hoy más que nunca, nos adentramos en una época marcada por incertidumbres que, lejos de bloquear nuestra capacidad de respuesta ante los riesgos que provocan, deben transformarse en oportunidades para crecer, mejorar y progresar de manera sostenible. Esta es la razón por la que, hoy en día, la decisión y el liderazgo que la acompañan deben saber acertar, pues, la equivocación tiene una dificultad añadida que antes no tenía: que la aceleración de los tiempos y la incapacidad de volver atrás para corregir los errores agrava extraordinariamente los efectos de estos últimos. De ahí la importancia reforzada que ha experimentado la idea del propósito en los últimos años. En él las decisiones encuentran fines que dan sentido a la acción y subordinan esta al respeto de unos límites éticos en los que se fundamentan aquellos. Algo que es especialmente relevante en el ámbito de la transformación digital y la innovación que alimenta la capacidad de progreso y cambio de las empresas, de las organizaciones humanas y de la propia sociedad. Por eso, buscar el propósito es esencial cuando innovamos digitalmente. Porque a través del propósito atribuimos una matriz ética que explica para qué buscamos la transformación innovadora que introducimos como motor de cambio de una organización o de un proceso productivo de bienes y servicios. De todo ello habla Carlos Grau en este libro. Lo hace desde la experiencia de quien lleva décadas trabajando al máximo nivel en el ámbito de la tecnología y la innovación. Hasta el punto de que el título del libro es el reflejo de una auténtica biografía profesional, pues, si de algo sabe y tiene experiencia precisamente nuestro autor es de innovar con propósito a lo largo de toda una vida. Un testimonio, por tanto, sugerente que, además, resulta más actual que nunca.

Primero, porque proyecta un análisis sobre el presente de la innovación a partir de una carrera profesional exitosa en la que se concretan estrategias que han ido acreditando la oportunidad y el acierto innovador a través de los resultados obtenidos. Y segundo, porque no se detiene en el presente, sino que trata de vislumbrar el futuro visualizando los vectores de transformación innovadora que pugnan en estos momentos a la hora de identificar dónde están las dinámicas disruptivas que se dan en este ámbito.

Finalmente, esta compleja temática que rodea la innovación es abordada por el autor con frescura y una enorme capacidad de impacto pedagógico. Carlos Grau se explica bien y se nota en la claridad expositiva que acompaña el libro desde el principio. Algo que solo se da en un profesional de calidad que ha llegado a conclusiones que no se las lleva el viento de los cambios de posición y de empresas porque su trabajo se ha basado siempre en propósitos perdurables que han hecho posible la innovación con mayúsculas.

2.

INTRODUCCIÓN

El éxito es conocer tu propósito en la vida, crecer
hasta alcanzar tu máximo potencial y sembrar semillas
que beneficien a los demás.
John C. Maxwell

Si tuviera que quedarme únicamente con un gran aprendizaje recibido en estos más de 40 años de carrera profesional, sería, sin duda, la importancia de dotar todo aquello que hacemos de un propósito.

Fíjate, querido lector, que hablo de propósito y no de objetivos. Estos últimos, por supuesto, son necesarios y nos ayudan a alcanzar metas, pero el propósito al que me refiero va más allá, porque sitúa el foco de nuestra actividad en contribuir a mejorar la vida de otras personas.

Hace tiempo que decidí cuál sería mi gran motivo, mi propósito, y desde entonces ha marcado la hoja de ruta que ha ido direccionando cada uno de los pasos que he recorrido en el mundo de la innovación y la tecnología.

Siempre que se me presenta una oportunidad, me hago la misma reflexión: ¿tenemos la capacidad de contribuir a un impacto positivo en la sociedad y en el medio ambiente, al mismo tiempo que creamos un legado económico significativo?

Si la respuesta es sí, sé que merecerá la pena.

Mi visión de la sostenibilidad juega un papel muy importante en este sentido, ya que contempla dos ejes fundamentales en un entorno de empresas con propósito. El primero, basado en contribuir a que los ingresos y los resultados financieros de las compañías con las que trabajo crezcan y la hagan sostenible en el largo plazo. El segundo, que cada empresa impulse iniciativas alineadas con los Objetivos de Desarrollo Sostenible de las Naciones Unidas.

Para generar impacto social y contribuir a mejorar la vida de las personas desde nuestras empresas debemos cuidar ambos ejes de sostenibilidad, y si algo sé es que es claramente posible combinar y superar nuestros retos en ambos frentes. Como directivos y consejeros es nuestra responsabilidad acompañar a las organizaciones en las dos líneas.

Innovando con propósito es un pedacito de mi experiencia donde comparto las enseñanzas relevantes que han forjado mi visión actual de la innovación en la empresa y en la sociedad.

Se trata de un compendio de consejos, aprendizajes y reflexiones, fruto de una vida apasionada por la tecnología y la innovación, en la que he tenido la oportunidad de ayudar —y continúo haciéndolo— a crecer a muchas organizaciones, pero siempre con el foco puesto en las personas y en la generación de impacto para dejar un legado económico y social en cada una de las iniciativas impulsadas.

Es cierto que la tecnología y la innovación conllevan riesgos en ocasiones, pero bien utilizadas, con un claro sentido social y conciencia sostenible, se convierten en un acelerador de gran impacto positivo en la vida de las personas.

A través de este libro, deseo mostrarte, apreciado lector, que es posible emplear la tecnología y la innovación para generar estas experiencias y presentar casos de uso que ayudan a las personas y benefician al planeta.

Asimismo, quiero compartir contigo algunos aprendizajes y recomendaciones que muestran claramente que podemos aprovechar de forma adecuada la oportunidad que conllevan las apuestas de las grandes corporaciones tecnológicas y los grandes eventos internacionales en las ciudades y territorios.

Escribir este libro me ha permitido no solo expresar las experiencias que deseo compartir, sino también experimentar una profunda sensación de gratitud y fortuna.

Afortunado por haber podido trabajar, mano a mano, con grandes profesionales que de forma tan generosa me han regalado conocimiento de incalculable valor y me han ayudado a alcanzar logros relevantes en equipo.

Agradecido por todos y cada uno de los proyectos pequeños, medianos, grandes —¡y también enormes!— que han formado parte de mi vida y de los que me siento orgulloso por haber podido aportar, aunque sea, un pequeño granito de arena: Telefónica, Sun Microsystems, Microsoft, Barrabés, Mobile World Capital Barcelona, Salesforce... Gracias, porque en cada uno de ellos he podido contribuir manteniéndome fiel a mi propósito.

Hoy, continúo desarrollando mi actividad a través de Grau Innovation Consulting, mi nuevo proyecto empresarial y vital en el que, junto a un magnífico equipo de profesionales, puedo seguir ayudando a muchas más empresas a tomar impulso, crecer e innovar. Trabajamos con compañías para las que los conceptos de sostenibilidad y propósito son pilares fundamentales, ya que entendemos que únicamente de esta manera el proyecto cobra sentido y aporta un valor genuino a todos nuestros clientes.

Espero sinceramente que algunas de mis reflexiones y aprendizajes puedan resultarte útiles y te brinden apoyo en tu propio viaje hacia la innovación con un propósito significativo. Siempre he creído en la importancia de compartir el conocimiento y la experiencia para enriquecer el crecimiento colectivo, y espero que este deseo de contribuir se refleje en las páginas de este libro.

3.

La tecnología, aceleradora de innovación y propósito

La tecnología es importante, pero lo único que realmente importa es lo que hacemos con ella.

Muhammad Yunus

Resulta evidente que nos ha tocado vivir un periodo de la humanidad en el que la tecnología está impactando de forma decisiva en nuestra sociedad. Diariamente, asistimos a cambios que afectan directamente al modo en que trabajamos, nos comunicamos, nos entretenemos, nos desplazamos... Y podemos afirmar que la tecnología está transformando por completo nuestra manera de vivir.

Personalmente, siempre he creído que la tecnología es neutral, no es buena o mala en sí misma, es el uso que le dan las personas lo que le confiere efectos positivos o negativos.

Positivos, si nos fijamos, por ejemplo, en la mejora de productividad que nos aportan las herramientas colaborativas, como el correo electrónico, las videoconferencias o los espacios para compartir ficheros que, de forma tan extraordinaria, nos han ayudado durante la pandemia. O bien, si nos fijamos en las aplicaciones de realidad virtual, realidad inmersiva y hologramas que nos permiten disfrutar de experiencias digitales muy enriquecedoras.

Sin embargo, esta cara positiva de la moneda también nos muestra en ocasiones su otra cara, su cruz, una parte negativa que conlleva riesgos cuando las personas se sirven de la tecnología con intenciones poco éticas. En ese caso, nos enfrentamos a ciberataques, suplantaciones de identidad o la difusión de noticias falsas que buscan manipular y desinformar a la sociedad.

Depende de todos nosotros definir y formarnos con criterios éticos en el uso de las nuevas tecnologías, en un tiempo en que la Inteligencia Artificial está cambiando muchas cosas.

Las cuatro grandes megatendencias que nos apuntaba hace unos años la consultora estadounidense Gartner, referente internacional en consultoría e investigación de las tecnologías de la información, están modificando de forma profunda nuestra sociedad y nuestras vidas: la movilidad, las redes sociales, la computación en la nube y la gestión de grandes volúmenes de datos con la Inteligencia Artificial. Todas ellas han cambiado de forma definitiva las reglas del juego.

La **movilidad** ha sido una de las megatendencias más visibles y transformadoras hasta la fecha. Con un *smartphone* en nuestras manos podemos disponer de conectividad y capacidad de computación para trabajar, comunicarnos, entretenernos y abrir accesos a servicios y a miles de aplicaciones.

Hoy en día, es curioso observar cómo podemos salir de casa sin la cartera, las llaves o incluso el ordenador, pero si olvidamos nuestro dispositivo móvil, nos encontramos desconectados de la red y limitados en nuestra capacidad para colaborar, trabajar y comunicarnos. Con certeza, el *smartphone* se ha convertido en el objeto sin el cual la mayoría de las personas regresamos a casa en caso de olvido, ¿verdad? Esto resalta la importancia central que ha adquirido en nuestras vidas.

Entre los años 2002-2005 tuve la oportunidad de liderar la actividad comercial de Tempos 21, una *joint venture* de Telefónica, Ericsson, HP y la Generalitat de Catalunya, pionera en el desarrollo de aplicaciones móviles para empresas. En aquel momento, fuimos precursores en el uso de sistemas de localización de flotas de transporte desde dispositivos móviles, gracias a la triangulación de las celdas de las redes; en el envío y gestión vía SMS de alertas y comunicaciones para acciones de marketing y en aplicaciones de toma de datos en labores comerciales, de inspección o de mantenimiento, desde dispositivos móviles.

Vivimos en primera persona el *boom* de las Blackberry, los primeros terminales móviles del mercado con un teclado QWERTY, como el de un ordenador, y un *roller* lateral que actuaba a modo de ratón. Unos dispositivos que revolucionaron, entre otras muchas aplicaciones, la forma en la que podíamos gestionar correos electrónicos desde nuestros teléfonos. Fue muy interesante y enriquecedor jugar un papel de "evangelistas" y precursores de la revolución que conllevarían las tecnologías móviles en el entorno empresarial.

La **computación en la nube** ha permitido que grandes centros de procesamiento de datos gestionen de forma más eficiente la energía y las capacidades de procesamiento y almacenamiento, facilitando la llegada de aplicaciones que adopten el modelo de pago por uso y suscripción a empresas y particulares a muy bajo coste.

De algún modo, se han "democratizado" de cara al mercado residencial de gran consumo y sobre todo al mercado de las pymes, herramientas que hace unos años solo estaban disponibles para grandes corporaciones, ya que requerían de potentes centros de procesamiento de datos, costosas licencias de aplicaciones y grandes equipos técnicos para su gestión y explotación.

Las **redes sociales**, por su parte, han desempeñado un papel crucial al facilitar la difusión de información de manera disruptiva, no solo en el ámbito del entretenimiento, sino también en entornos empresariales, aplicaciones de comercio electrónico y una multitud de nuevas aplicaciones. Actualmente, ejercen un papel esencial en la selección de talento, la divulgación de conocimientos, la comercialización de productos o servicios, así como en el posicionamiento de empresas y sus marcas. Estas plataformas se han convertido en un elemento fundamental en el panorama empresarial y en la vida cotidiana.

Sin lugar a dudas, la megatendencia que considero de mayor relevancia en estos tiempos y la que generará en los próximos años más impacto en nuestras vidas es la **Inteligencia Artificial y la gestión de los datos,** que son y serán un activo clave en nuestras empresas.

Muchas de las tareas secuenciales repetitivas que las personas llevamos a cabo en procesos empresariales e industriales son susceptibles de automatización. De este modo, será posible la eliminación de los trabajos más tediosos, con los riesgos que conllevan, y se generarán oportunidades para impulsar más impacto con labores más creativas.

Fruto de esta automatización se están destruyendo puestos de trabajo, sin duda. Pero la experiencia nos demuestra que con estos cambios se están generando a su vez otros nuevos puestos de trabajo, de forma incremental, con un efecto neto positivo.

Claramente, los empleos emergentes no son idénticos a los empleos tradicionales y demandan un nivel más elevado de preparación. En ese contexto, se abre una oportunidad para el crecimiento y el avance profesional, donde la formación continua desempeña un papel crucial.

Como todo proceso de cambio, esta transformación también lleva implícita una buena dosis de incertidumbre, pero una vez más, el mejor antídoto ante estos cambios es el aprendizaje.

Todos llevamos un analista de datos en nuestro interior. Solo es necesario despertarlo y formarnos para aprovechar las oportunidades que generarán los datos, uno de los mayores activos de nuestro tiempo.

La Inteligencia Artificial, al igual que ocurre con todas las tecnologías emergentes y disruptivas, nos hace experimentar un ciclo de expectativas similar al de una montaña rusa. Podemos encontrar una etapa inicial en la que se generan elevadas expectativas que, con el paso del tiempo y con el despliegue de casos de uso y de entornos reales, se irán amortiguando y ajustando a una realidad más razonable.

Siempre he sentido una apasionada fascinación por la tecnología. La percibo como un vehículo que nos brinda la oportunidad de convertir en realidad numerosos sueños y aspiraciones.

Y cuando pienso en algunos de esos sueños no puedo evitar que me venga a la cabeza una de las míticas escenas de la película *La Guerra de las Galaxias*, en la que se celebra una reunión de jedis. En ella, los participantes que no pueden asistir se conectan a través de hologramas −con ligeras interferencias y pérdidas de calidad de imagen incluidas– y la reunión se desarrolla con total normalidad. Lo que un día imaginó George Lucas hoy es una realidad.

En los últimos años, dentro del campo de la Inteligencia Artificial (IA), hemos visto muchos proyectos de IA predictiva. Sin embargo, ahora estamos a las puertas de una enorme disrupción que va a generar un gran impacto en multitud de casos de uso y puestos de trabajo: la IA generativa.

La combinación de la Inteligencia Artificial generativa con herramientas gráficas de desarrollo de código, conocidas como *Lowcode*, está impulsando la automatización de procesos en áreas como centros de atención al cliente, servicios de técnicos de campo, plataformas de comercio electrónico, y muchos otros escenarios.

Los agentes con IA generativa se están convirtiendo en el mejor apoyo para potenciar la productividad y la competitividad de muchas organizaciones.

Es el ejemplo de ChatGPT, el conocido chatbot de Inteligencia Artificial desarrollado por OpenAI en 2022, que facilita conversaciones detalladas y articuladas.

Su lanzamiento ha supuesto la democratización del acceso a este tipo de herramientas disruptivas, pero para sacarles el máximo provecho es importante tener en la organización una buena práctica de calidad de datos. Solo con datos de calidad que alimenten a estos agentes obtendremos resultados efectivos.

Tras el *momentum* inicial generado por ChatGPT, están surgiendo plataformas que ponen el foco en la ética y en la generación de confianza.

Ejemplos notables son Einstein y Copilot de Salesforce, de los que te hablaré más adelante, los cuales promueven un entorno donde estos sistemas evitan respuestas sesgadas, discriminatorias o resultados no deseados. Mantener un enfoque humanista y ético en el uso de estas nuevas herramientas es crucial para prevenir lo que algunos denominan "alucinajes", es decir, respuestas de agentes de Inteligencia Artificial generativa que carecen de contexto y coherencia.

Es momento de capitalizar esta disrupción para mejorar la competitividad y productividad, pero es imperativo situar a las personas en el centro y garantizar un uso apropiado de estas nuevas tecnologías.

A principios de la década de los 90, desde la dirección de Sun Microsystems, tuvimos la oportunidad de revolucionar el mercado acelerando el desarrollo de internet. Recuerdo perfectamente el *boom* tecnológico que vivimos justo cuando entré a formar parte del equipo para liderar el desarrollo de negocio en la zona noreste desde la oficina de Barcelona.

Trabajé, mano a mano, junto a tres grandes profesionales, José Miguel Urdangarín −que por desgracia nos dejó en el año 2022−, Gaspar Domínguez −con el que he seguido colaborando estrechamente en estos últimos años en proyectos de *mentoring* para emprendedores−, y Albert Triola, actualmente director general de Oracle en España, la firma que absorbió e integró a Sun Microsystems.

Durante aquel periodo, pasamos de ser una empresa de estaciones de trabajo gráficas para aplicaciones de diseño y cálculo a transformarnos en una empresa de servidores y, al poco tiempo, en una compañía de grandes ordenadores (*mainframes*) y servicios de seguridad en internet (cortafuegos).

Gracias al desarrollo y divulgación del lenguaje Java, Sun Microsystems aceleró su posicionamiento como referente en internet hasta convertirse en la compañía que, en pocos años, tomó el liderazgo en ese espacio del sector tecnológico.

La oficina de Barcelona pasó de estar compuesta por un equipo de 3 personas que facturaba 3 millones de dólares a ser un equipo de 40 profesionales que llegó a facturar más de 60 millones en solo cuatro años (multiplicamos los ingresos por 20 en 4 años). ¡Fue increíble!

Tras las etapas de Sun y Tempos 21, lideré el desarrollo del negocio de Microsoft en la zona noreste (2005-2014). Fue también una etapa apasionante a nivel de nuevas tecnologías.

Recuerdo cuánto me gustaba la visión de futuro que desarrollaba uno de nuestros equipos en la corporación, trabajando en casos de uso con prototipos avanzados que, en poco tiempo, se materializaban en productos reales. Esta perspectiva ha sido una fuente constante de inspiración en muchas etapas posteriores de mi carrera, ya que me ha enseñado a anticipar el futuro y a visualizar el impacto positivo de las nuevas tecnologías.

En un vídeo en concreto, todavía visible en YouTube bajo el nombre *Microsoft Productivity Future Vision*, se muestran posibles escenarios de nuevas formas de trabajo en el futuro en algunas fases de los procesos de selección. En cada uno de ellos, se aprovechan las capacidades de muchas nuevas tecnologías como la realidad aumentada, las impresoras 3D, los dispositivos flexibles, la Inteligencia Artificial, los datos, los *wereables* y los drones acuáticos.

Este vídeo de visión de futuro −que hoy en día es cada vez más de presente− nos muestra cómo una científica y profesora realiza una inmersión en el océano en la que se puede ver cómo analiza algas y especies marinas, mientras disfruta de la obtención de datos a través de unas gafas de realidad aumentada. Una experiencia de inmersión que graba en vídeo para compartir posteriormente con sus alumnos.

A continuación, ya en clase, el vídeo muestra todo tipo de dispositivos digitales que permiten intercambiar y compartir información en un entorno de educación personalizada. Se pueden observar varios grupos de estudiantes trabajando en proyectos diversos y complementarios, disfrutando de nuevos dispositivos, como impresoras 3D, que están favoreciendo nuevos escenarios de innovación. También vemos en el aula la proliferación de interfaces naturales, de forma que la interacción con la tecnología es cada vez más natural, con sistemas de reconocimiento de voz y dispositivos táctiles.

Posteriormente, podemos observar a nuestra protagonista en su tiempo de ocio, redactando un artículo sobre sus conclusiones científicas desde el campo, conectando con uno de sus compañeros para contrastar la información a través de un dispositivo flexible, que permite escribir, realizar una videoconferencia, editar contenido y, finalmente, publicar el artículo en sus redes sociales.

Los empleados del futuro cada vez más buscarán talento del que aprender y experiencias profesionales enriquecedoras. Lo que publiquemos como directivos y como empleados será un elemento clave de atracción de talento para nuestros proyectos y de ayuda a los *headhunters* en los procesos de selección.

En la siguiente escena podemos observar a una nueva protagonista, la responsable de personas —lo que antes denominábamos recursos humanos— de una organización con un nuevo proyecto para el que necesita incorporar un perfil científico.

En ese momento, recibe la ayuda de los sistemas de Inteligencia Artificial que le permiten combinar información de manera veloz para identificar a los profesionales que mejor se ajustan a los requisitos, habilidades, capacidades y conocimientos específicos solicitados en la oferta laboral de su organización.

Segundos después vemos cómo nuestra científica recibe, a través de un dispositivo *wereable* con forma de pulsera, una invitación para unirse al proyecto ofertado por la organización. Dado su interés en el tema, busca un espacio de *coworking* próximo desde el cual poder analizar más datos sobre la oportunidad y ver al equipo con el que trabajaría. Este último punto, es uno de los aspectos que más cuidarán nuestros candidatos en el futuro, pues el talento quiere siempre tener la oportunidad de trabajar con talento.

Finalmente, tras una breve videoconferencia en la que tiene contacto con el equipo del proyecto, la protagonista decide aceptar el puesto.

El vídeo finaliza con nuestra científica trabajando con su nuevo equipo en un proyecto apasionante, en el que aprovecha su conocimiento y experiencia fruto de la investigación y de la inmersión que hizo meses atrás.

Sin embargo, como suele suceder en muchas ocasiones, las cosas cambian y el equipo necesita datos actualizados del fondo marino de esa zona, pero no poseen el tiempo ni los recursos para poder desplazarse de nuevo. En ese momento, aparece la oportunidad de utilizar unos drones acuáticos que repiten con precisión la inmersión que la profesora hizo hace unos meses y toman datos actualizados de la flora y fauna marinas objeto de la investigación.

Se trata de un excepcional escenario de caso de uso, rodado en 2015, en el que se muestra una combinación de tecnologías con aplicaciones de realidad aumentada, impresoras 3D, dispositivos flexibles, *wereables*, Inteligencia Artificial, datos y drones acuáticos, que hace tan solo unos años parecían únicamente posibles en películas de ciencia ficción y hoy son una realidad en muchos entornos.

En esa misma línea, el mismo equipo de visión de futuro de Microsoft generó y nos compartió otro inspirador vídeo en 2009, visible en YouTube bajo el nombre *Microsoft Future Vision Manufacturing*, en el que podemos observar al equipo de diseño de un fabricante de coches trabajando en un nuevo modelo de asiento para un vehículo, tras la toma de datos durante un entrenamiento.

A continuación, el equipo de ingenieros del fabricante de automóviles se comunica y comparte el nuevo diseño con los ingenieros del proveedor de asientos a través de una videoconferencia. Durante su presentación, hacen que el holograma del asiento en 3D pueda girar y ampliarse, permitiendo tomar decisiones conjuntas sobre el diseño y la posterior fabricación.

Aquel sueño de futuro es hoy una realidad gracias a la capacidad de ancho de banda de las redes 5G y gracias al nuevo uso de hologramas.

5G y los nuevos servicios avanzados de telecomunicaciones como quinta megatendencia

Más allá de las cuatro megatendencias tecnológicas indicadas en el cuadro "mágico" de Gartner Group, considero que podemos sumar una quinta variable que viene marcada por los nuevos servicios avanzados de telecomunicaciones. Muy especialmente, refiriéndonos a la revolución que estamos viviendo estos últimos años gracias a la generación de servicios 5G en las redes que afecta, no solo a los servicios de movilidad, sino de forma transversal a todas las otras tecnologías.

Por primera vez en la historia, disponemos de una red que, más allá del transporte de datos y voz, nos aporta inteligencia, capacidad de computación y almacenamiento de datos en la propia red, lo que configura un entorno para nuevos servicios.

El 5G conlleva tres características muy relevantes. En primer lugar, un gran ancho de banda que incrementa hasta 100 veces la velocidad y capacidad de tráfico de redes en relación con la de generaciones anteriores (3G, 4G). De este modo, se posibilitan experiencias digitales muy enriquecedoras como las aplicaciones holográficas o las de realidad virtual y realidad aumentada.

En segundo lugar, la red 5G nos aporta, por diseño, componentes con un menor consumo energético, lo que permite una mayor sostenibilidad.

Y, por último, ofrece muy baja latencia, es decir, tiempos de respuesta casi instantáneos, en muchos casos por debajo de los 30 milisegundos, que hacen posible el despliegue de casos de uso de misión crítica y de respuestas en tiempo real, como supone la convivencia de robots y vehículos autónomos con humanos sin riesgo alguno.

Durante mi etapa liderando la fundación Mobile World Capital Barcelona (2017-2022) —de la que te hablaré con mayor profundidad más adelante—, tuvimos ocasión de priorizar a nivel de tecnologías casos de uso en la alianza 5GBarcelona en los entornos rural y social.

Recuerdo cómo en el año 2019, se llevó a cabo la primera intervención quirúrgica con *telementoring* 5G que realizamos con el Hospital Clínic de Barcelona. Un hito que nos ayudó a posicionar Barcelona como laboratorio internacional del 5G en múltiples canales de TV internacionales durante los días del MWC2019.

Sin duda, uno de los proyectos que recuerdo con más cariño fue el despliegue del robot emocional Misty diseñado para trabajar con personas mayores en situación de riesgo por sufrir soledad y depresión.

La implementación de Misty en Barcelona desempeñó un papel fundamental en la mejora de la calidad de vida de muchos de nuestros ancianos.

Este robot les recordaba las pautas para tomar sus medicamentos, les facilitaba la comunicación con sus enfermeras y médicos de los centros de salud, así como con sus familiares y amigos. Además, garantizaba su seguridad y, lo que es más importante, les brindaba compañía en todo momento.

La tecnología es un acelerador de innovación que favorece nuevos modelos de negocio y nuevas experiencias, pero es el uso que nosotros le damos el que permite impulsar iniciativas de impacto y propósito que mejoren la vida de las personas.

Gracias a la tecnología podemos proporcionar conectividad, servicios de educación y de teleasistencia que generan nuevas oportunidades profesionales, de salud y de entretenimiento mucho más enriquecedoras. Misty es un claro ejemplo.

La tecnología es un elemento clave en nuestras vidas que puede y debe jugar un papel muy positivo, gracias a las buenas prácticas que todos llevemos a cabo con su uso.

4.

La importancia de la innovación abierta

La innovación es lo que distingue a un líder de los demás.

Steve Jobs

La innovación abierta, que implica abrirse a colaborar con terceros en nuestros procesos de investigación, desarrollo e innovación, ya no es una opción en las organizaciones, sino un modelo de gestión de vital importancia que permite reducir los costes de I+D+i y generar ingresos incrementales.

Las limitaciones de movilidad que sufrimos durante la pandemia del Covid-19 ya pusieron en escena con más relevancia que nunca la importancia de la digitalización y la innovación. Si antes era importante digitalizar los procesos de gestión, la cadena de suministro y la relación con los clientes, ahora es fundamental para la supervivencia de nuestros proyectos empresariales.

Incluso en sectores menos digitalizados, como el de la restauración, hemos presenciado cómo muchos restaurantes que se adaptaron para ofrecer entregas a domicilio a través de plataformas digitales de entrega rápida lograron sobrevivir con éxito durante la pandemia, a pesar de las restricciones de movilidad. Mientras tanto, otros establecimientos que no habían adoptado soluciones digitales se vieron forzados a cerrar.

La rapidez del cambio en muchos sectores causada por la disrupción tecnológica, los nuevos modelos de negocio que conlleva la digitalización y la transformación en los hábitos de la población, plantea numerosos desafíos a nivel interno en las empresas.

En este contexto de cambios rápidos, se pone de manifiesto que nuestras organizaciones son habitualmente muy eficientes en innovación evolutiva, es decir, realizando mejoras sobre el producto y servicio actual. Sin embargo, no lo son para direccionar las oportunidades de la innovación disruptiva, es decir, las que se producen a gran velocidad y conllevan grandes cambios, no solo en el producto o servicio, sino en los canales y en los propios modelos de negocio.

Es ahí donde es cada vez más importante contar con terceros para impulsar los procesos de innovación: clientes, proveedores y otros agentes del ecosistema emprendedor e investigador. Es precisamente en esa triangulación con todos estos agentes donde la exploración de nuevos modelos de innovación abierta colaborativa está dando grandes resultados a muchas organizaciones.

La innovación abierta nos ayuda a abrir las puertas de nuestro I+D+i para trabajar con otras organizaciones, aprovechando las ventajas del ecosistema y evitando tener que asumir íntegramente las inversiones derivadas.

Para las empresas, la innovación abierta conlleva múltiples ventajas: velocidad, bajo coste, disrupción, talento, rentabilidad, voluntariado, clientes y marcas.

A través de la cooperación entre fuentes internas y fuentes externas a la compañía:

✔ Alcanzamos mayor velocidad y agilidad y podemos reducir los costes de I+D+i al aprovechar desarrollos de terceros.

✔ Podemos direccionar oportunidades de disrupción que internamente son difíciles de gestionar por falta de conocimiento y experiencia con las nuevas tecnologías y modelos de negocio.

✔ Atraemos y conocemos talento interesante para el futuro con el que colaborar o incluso integrar en nuestra organización.

✔ Obtenemos rentabilidad en las inversiones, si se hace en un porfolio amplio de inversiones y con la ayuda y acompañamiento de inversores expertos.

✔ Favorecemos que nuestros empleados realicen tareas de voluntariado muy enriquecedoras colaborando como mentores en proyectos emprendedores.

✔ Mejoramos nuestro posicionamiento de marca e imagen frente a nuestros clientes y de cara al mercado.

Un ejemplo de **modelo de innovación abierta colaborativa** que me parece muy interesante es el basado en **unir esfuerzos de innovación desde grandes corporaciones de diferentes sectores**, pero que comparten clientes y que, por lo tanto, tienen el reto común de atenderlos mejor. En estos casos, la innovación abierta colaborativa permite compartir inversiones y gastos aportando interesantes resultados.

Exactamente eso es lo que promueven alianzas como Star4Big, la alianza de innovación abierta colaborativa de Telefónica, CaixaBank, Naturgy, SEAT y Aguas de Barcelona.

¿Qué tienen en común estas cinco empresas de cinco sectores tan distintos como las telecomunicaciones, la banca, la energía, los automóviles y el agua? Pues los cerca de 380 millones de clientes —que en muchos casos son clientes de varios de sus miembros— y el reto de atenderlos cada vez mejor y gestionar de forma más inteligente todas sus interacciones, datos y tendencias. Abordar la innovación de forma colaborativa permite generar ventajas competitivas, reduciendo a su vez los costes.

Adicionalmente, es importante destacar que ninguna de las cinco firmas había tenido por sí sola la capacidad de atraer con éxito grandes empresas internacionales de nueva creación a sus aceleradoras de startups. Sin embargo, al unirse han sido capaces de ofrecer una propuesta de valor muy atractiva para startups de todo el mundo con un alto potencial que desean establecerse en Europa.

Otro modelo de innovación abierta colaborativa que merece ser destacado es el basado en las **aproximaciones sectoriales con el impulso de *hubs* de innovación.** A través de este modelo, empresas del mismo sector, que en algunos casos son competidoras, se unen para compartir iniciativas de innovación, en algunos casos junto con universidades, proveedores tecnológicos, colegios profesionales y otros agentes.

Un ejemplo de iniciativa de este modelo de *hub* de innovación sectorial es el nuevo *LegalTech Hub*, dentro del sector legal, impulsado en Barcelona, entre otros, por firmas como Cuatrecasas, Roca Junyent, Red Points, Signaturit, Councilbox y la Universidad Autónoma de Barcelona, junto con otros agentes del ecosistema de innovación legal. Su objetivo es promover una innovación colaborativa y nuevos servicios para el sector *LegalTech* gracias a nuevas tecnologías aplicadas a empresas de la cadena de valor de servicios legales.

En una línea similar, pero enfocada en el sector inmobiliario, se sitúa Innomads, la iniciativa de innovación colaborativa en la que participan empresas como las inmobiliarias Forcadell o Amat, que tienen retos de innovación comunes. Todas ellas, colaboran en este *hub* con emprendedores, centros tecnológicos y otros agentes en iniciativas y proyectos de innovación abierta.

Por último, otra de las iniciativas de innovación abierta que está destacando de forma notable en un sector con enormes retos de digitalización en este momento es el de la hostelería, la restauración y las cafeterías comúnmente conocido como HORECA.

En este sector es interesante seguir de cerca a TheLab, el laboratorio de proyectos y pilotos con emprendedores para aplicaciones de "HORECA conectada" que promueve el Grupo Estrella Galicia, con el apoyo de la consultora de innovación Valhalla.

Después del éxito en España y Brasil con el programa de aceleración de startups de Estrella Galicia, The Hop, en el cual he tenido el privilegio de colaborar en varias ediciones, Valhalla está impulsando desde este laboratorio iniciativas colaborativas entre empresas con intereses compartidos en el sector HORECA. Empresas destacadas como Bodegas Emilio Moro, Angulas Aguinaga, Cafés Fortaleza, Chocolates Lacasa y el grupo Turístico Martínez están llevando a cabo proyectos piloto y creando prototipos conjuntos en el ámbito del HORECA Digital.

Estas empresas están compartiendo sus experiencias y aprovechando eficientemente los recursos de clientes comunes, activos y equipos para impulsar la digitalización e innovación en el sector. Este enfoque colaborativo facilita de manera rápida y económica la generación de nuevas experiencias e ingresos incrementales para el futuro del sector HORECA. Como es conocido, HORECA desempeña un papel clave en el extenso sector turístico de nuestro país.

Y es que, estimado lector, hay dos elementos en innovación abierta que me parecen relevantes. El primero, la medición de la cultura innovadora de la organización que nos permite a partir de ella hacer un *benchmarking* sectorial para identificar áreas de mejora. En este sentido, el modelo impulsado por Fran Chuan de Dicere desde InnoQuotient se está consolidando como un referente para poder determinar el nivel de cultura innovadora y promover acciones en las organizaciones.

El segundo, la promoción de ecosistemas. Innovar requiere trabajar con terceros, crear comunidad y compartir. En este campo, el modelo de Network IQ impulsado por la profesora Daria Tataj de Tataj Innovation está demostrando resultados muy efectivos para uno de los mayores retos al que nos enfrentamos cuando impulsamos innovación abierta: crear un potente ecosistema trabajando en red con nuestras iniciativas.

En España, contamos con dos importantes activos que debemos aprovechar para impulsar la reactivación económica.

Por un lado, contamos con una de las mejores redes de telecomunicaciones de Europa. Tenemos la mejor red de fibra óptica de Europa y la tercera del mundo en cuanto a densidad y capilaridad, con la posibilidad de ser laboratorio y punta de lanza del territorio en 5G.

Y, por otro lado, contamos con una excelente comunidad científica e investigadora que nos posiciona como la onceava potencia mundial en número y calidad de publicaciones científicas.

Esto supone una excepcional oportunidad si somos capaces de promover la adecuada transferencia de todo este conocimiento a la industria, como eje de mejora de competitividad para reactivar la economía.

Estos activos, junto con el dinamismo del ecosistema emprendedor, deben servirnos como palancas de aceleración para que la nueva economía siente unas bases de mayor prosperidad.

El caso de éxito de innovación abierta de Telefónica Wayra

Este caso de innovación abierta publicado por la escuela de negocios del IESE, elaborado por el profesor Joan Roure, es para mí un referente inspirador de caso de éxito en el mundo de la innovación abierta.

Ante el reto de reducir los costes de I+D+i y generar nuevos ingresos incrementales, Telefónica, que contaba en el año 2009 con una estructura muy importante de I+D, decidió lanzar la aceleradora de startups Wayra.

A través de Wayra, Telefónica impulsó, en un tiempo récord, cerca de 14 aceleradoras en todo el mundo, ubicadas en diferentes países, con el objetivo de colaborar con cientos −que finalmente fueron miles− de emprendedores. Todos ellos, aportaron a la compañía muchísima visión e información sobre lo que estaba sucediendo en el mundo de internet en nuevos servicios sobre las redes de los operadores.

Trabajando con startups, Telefónica consiguió detectar también el talento de jóvenes emprendedores, contribuyendo a desarrollar el ecosistema de emprendimiento local y mejorando su posicionamiento de marca en múltiples países, mientras transformaba su propia cultura corporativa, que con el crecimiento había perdido cierta agilidad.

En cada uno de los países donde Wayra se establecía se abría una convocatoria de varias semanas para que los emprendedores remitiesen sus proyectos. A continuación, se organizaba una *Wayra Week* en la que se seleccionaban los diez proyectos que entrarían a formar parte de la Academia Wayra en cada aceleradora. A cada uno se le ofrecía un espacio en el que los emprendedores desarrollaban los programas de aceleración durante un periodo que oscilaba entre seis meses y un año, en un entorno estimulante y creativo, con infraestructuras y apoyo.

El modelo de colaboración inicial de Wayra era financiar a las startups, entrando en el capital con una parte de *equity* pidiendo a cambio de dicha financiación un 10% del capital social, aportando inicialmente unos 50 mil dólares (25 mil en efectivo y 25 mil en servicios).

Dado que las startups no compartían la misma homogeneidad en cuanto a su madurez, resultaba ilógico valorar todos los proyectos de manera uniforme en una etapa tan incipiente. Por ende, se optó por evolucionar el modelo de inversión hacia un préstamo participativo adaptado a las dimensiones y desarrollo individual de cada empresa. De este modo, se les proporcionaba financiación, pero se esperaba la llegada de inversiones ulteriores en las que participaban terceros, *business angels* y fondos de *venture capital* para capitalizar el préstamo.

Esta modalidad ofrecía una flexibilidad considerable a los emprendedores, ya que la participación de Wayra y la valoración global de la empresa eran determinadas por una tercera parte independiente.

Telefónica en 2009 era uno de los grandes operadores integrados de telecomunicaciones, líder a nivel mundial en la provisión de soluciones de comunicación, información y entretenimiento y con más de 316 millones de clientes. Ocupaba la sexta posición en el ranking mundial de compañías de telecomunicaciones por capitalización bursátil y contaba con un gran equipo en Telefónica I+D, referente y líder europeo en proyectos de investigación, con más de 1.000 profesionales investigadores e ingenieros.

A pesar del significativo esfuerzo en investigación y desarrollo (I+D), el grupo no estaba siendo capaz de convencer al mercado de la solidez de sus resultados, ni de la posibilidad de transformarse en una auténtica "teleco digital" como se esperaba. Evaluadores de prestigio como Standard & Poor's y Moody's habían rebajado su rating y el precio de la acción estaba bajando.

Por otro lado, se estaba observando cómo en los Estados Unidos, tanto en Silicon Valley como en otras regiones del país, un gran número de startups exitosas habían sido fundadas por jóvenes emprendedores, algunos de los cuales provenían de América Latina. Estos emprendedores, debido a la falta de recursos en sus países de origen, se vieron obligados a emigrar en busca de oportunidades.

Era un momento en el que el buscador de Google crecía muchísimo y algunas startups como WhatsApp irrumpieron en el mercado de los SMS de los operadores de telecomunicaciones con excepcionales resultados, usando sus redes e infraestructuras.

Todo ese contexto generó en la alta dirección de Telefónica muchas reflexiones. Veían que la innovación y la velocidad a la que se lanzaban nuevos productos, servicios y contenidos por internet era muy superior a la que se podía capturar con los nuevos productos y servicios que se generaban desde los potentes equipos internos de I+D. Era el momento de apostar por un nuevo modelo de innovación abierta y de mayor colaboración con terceros.

Con Wayra se generó un marco adecuado para retener talento en muchos de los países en los que tenía presencia Telefónica. Se generaron grandes oportunidades, pues los índices de penetración de *Smartphones* en el mercado latinoamericano eran mucho menores a los desarrollados en Europa o EE.UU.

La visión y apuesta de Telefónica era que en Latinoamérica y en otros países emergentes se produciría —como así ha sido—, un gran crecimiento del mercado de telecomunicaciones e informática. Telefónica, con su fuerte internacionalización, iniciada en 1989, estaba presente en 25 países de Europa y América Latina, así que era la ocasión perfecta para capturar esa gran oportunidad.

El proyecto de Wayra se caracterizaba por ser transgresor y requería necesidades importantes de capital, con el objetivo de que jóvenes emprendedores pudieran trabajar en proyectos exitosos si se les facilitaba el entorno y el apoyo adecuados. Se buscaban proyectos semilla o en *early stage* (fase temprana) del ámbito de las tecnologías de la información y la comunicación (TIC), que fuesen disruptivos, fácilmente escalables y, sobre todo, que estuviesen liderados por equipos excelentes.

Wayra ponía a disposición de los equipos de los emprendedores el soporte tecnológico del Grupo Telefónica, su asesoría legal, el equipo de marketing y estrategia, acceso a su *know-how* tecnológico y a su red de *partners*. Lo hacía con un programa de formación y un equipo de mentores a través del cual a cada equipo se le asignaba como mínimo tres mentores, con un perfil emprendedor, inversor y de gestión en su área de mercado, respectivamente.

Una vez finalizado el periodo de aceleración, Wayra organizaba demoDays en cada país para dar visibilidad a las startups entre la comunidad inversora. También organizaba un Global demoDay a nivel internacional una vez al año, con una selección de las startups más prometedoras, una acción que tenía una gran repercusión mediática.

Era evidente que un proyecto tan disruptivo no era posible engendrarlo en las estructuras de la propia corporación, aunque al tener necesidades importantes de capital, el proyecto y sus avances debían presentarse a las comisiones consultivas del consejo de administración y aprobarse por la comisión delegada.

Para darle forma, un grupo de personas que podían aportar su experiencia para diseñar una iniciativa de estas características tan innovadoras trabajó durante meses en reuniones semanales "clandestinas", en las que, siguiendo un proceso de *brainstorming*, se aportaban ideas y se iba perfilando cómo podría tener éxito algo tan distinto a lo que una empresa como Telefónica estaba acostumbrada a hacer.

En paralelo, el consejero delegado, que en aquel momento era José María Álvarez Pallete, actual presidente del grupo, iba informando puntualmente al presidente, César Alierta, de la gestación y desarrollo del proyecto. Desde el principio, el presidente dio su apoyo al mismo y ambos informaban periódicamente al consejo de administración.

Se trabajó a fondo cada uno de los aspectos más relevantes del proyecto:

✔ Espacios físicos: se decidió crear un nuevo espacio que fuera un entorno adecuado para el ecosistema emprendedor, diferente, moderno, disruptivo, para generar la interacción de proyectos en modo abierto, pero respetando los espacios necesarios de privacidad de cada equipo.

✔ Equipo adecuado: se trataba de elegir a personas que podían encajar en un equipo que debía hacer las cosas de forma diferente. No se trataba de que supieran de startups, sino de empujar un proyecto distinto dentro de una empresa tan grande como Telefónica.

✔ Para dirigir las academias Wayra y los paneles de jurados se buscaron en cada país emprendedores de éxito y perfiles internos con experiencia en innovación que pudieran guiarlos.

✔ Se decidió, además, que las puertas de las academias debían estar abiertas a cualquier emprendedor, inversor o institución que pudiese necesitar el espacio, con las ventajas de visibilidad y *networking* que suponían estos puntos de encuentro abiertos.

✔ Marca y logo: por primera vez se propuso una marca sin seguir los procesos y guía de estilo corporativos, alejándose de propuestas esperadas —como podía haber sido "Telefónica Startups" en azul—, para apostar por un nombre con significado propio. Lo mismo ocurrió con el logo, diseñado por un equipo de creativos externos. A pesar del escepticismo inicial del director de marca de Telefónica por haberse saltado todas las normas corporativas y no compartir con su equipo previamente la elección de marca, vieron claro que se trataba de un proyecto disruptivo que requería una mayor agilidad.

Dado que el público objetivo, con perfil emprendedor y eminentemente tecnológico, no usaba los canales tradicionales como la televisión o la prensa escrita, se decidió que no se haría inversión en comunicación por canales convencionales, y solo se invertiría en comunicación por canales online en redes sociales (como Twitter y Facebook) para difundir la iniciativa y lanzar las diferentes convocatorias.

Y es que, querido lector, siguiendo la conocida frase "es mejor pedir perdón que permiso", se tomaron todas las decisiones necesarias para avanzar en el proyecto. Era crucial para su viabilidad la anticipación constante a las necesidades de los emprendedores, así como evitar la rigidez de un modelo corporativo, como el de Telefónica, a fin de mantener el interés de las startups y atraer el mejor talento.

Las relaciones con los programas de startups se gestionaban de forma totalmente independiente a la corporación, ya que los emprendedores requerían necesidades muy distintas, máxima flexibilidad, agilidad y anticipación continua. La corporación era demasiado lenta, pues sus procesos estaban diseñados para trabajar en grandes operaciones, altos volúmenes económicos y proveedores con gran soporte financiero. Conscientes de esto, el propio consejo de administración autorizó que el equipo de Wayra flexibilizara muchos procesos, apoyándose en las áreas de auditoría, intervención corporativa, finanzas y legal.

Una vez que el proyecto fue lanzado, el desafío consistía en determinar cuántos candidatos se presentarían a las convocatorias de las aceleradoras.

El éxito fue tal que no tenían internamente suficientes recursos para hacer el filtrado de candidatos. Recurrieron al apoyo de una consultora externa con la que definieron un cuadro de mando que les permitió agilizar la elección de los finalistas.

En este tiempo, Wayra ha recibido un amplio reconocimiento internacional como iniciativa emprendedora de innovación abierta de Telefónica. Desde entonces, ha operado a través de una plataforma tecnológica para apoyar la innovación abierta, creando un *hub* de talento, impulsando colaboraciones con más de 600 compañías invertidas en más de 17 países diferentes, y con más de 550 millones de euros de inversión.

Adicionalmente, este proyecto ha aportado a la compañía una cultura más innovadora, dotándola de mayor agilidad y la inmersión en el mundo digital que Telefónica necesitaba para lanzar más productos y servicios innovadores. De este modo, la empresa ha podido evolucionar su modelo de negocio de servicios de comunicaciones hacia contenidos y servicios avanzados de valor añadido, aprovechando los recursos de la red.

En los primeros cinco años posteriores al lanzamiento de Wayra, Telefónica logró reducir de manera muy significativa sus costes de investigación, desarrollo e innovación. La unidad de I+D redujo su equipo para contar con una mayor innovación externa, monitorizando a más de 30.000 startups de todo el mundo gracias a Wayra y a los fondos de inversión que creó la compañía, junto a diferentes actividades con el ecosistema.

Telefónica consiguió en ese periodo que más de un 25% de sus ingresos vinieran de servicios fruto de la innovación que generaba Wayra y de colaboraciones con el ecosistema emprendedor (generación de ingresos incrementales). Pero, además, sumó una derivada adicional: desarrolló un porfolio muy amplio con inversiones en *equity* en un gran número de startups consiguiendo así una rentabilidad importante en dichas inversiones.

Ingresos incrementales, reducción de costes de I+D+i y rentabilidad en las inversiones. Tres sólidas razones por las que tiene todo el sentido apostar siempre por modelos de innovación abierta. Modelos en los que Wayra ha sido y es un referente inspirador.

La experiencia de innovación abierta de Cuatrecasas Acelera

Todo empezó en el verano del 2015, cuando el CIO de Cuatrecasas, Francesc Muñoz, me propuso organizar un viaje exploratorio a Estados Unidos para la dirección del grupo. El objetivo era analizar las innovaciones tecnológicas que estaban teniendo un impacto y que transformarían en los siguientes años el trabajo en los despachos de servicios legales. Es decir, lo que hoy conocemos como *LegalTech* o el uso de las nuevas tecnologías en el sector legal.

Antes del viaje, desde StepOne Ventures, la empresa referente en consultoría de innovación del grupo Barrabés que yo lideraba en aquel momento, realizamos un análisis de situación del entorno *LegalTech*. Observamos qué tecnologías estaban teniendo un mayor impacto en el sector legal, qué estaban haciendo en innovación algunas de las principales firmas internacionales de servicios legales, qué nuevas startups generaban disrupción y qué cambios se estaban produciendo en los modelos de negocio.

Fruto de ese breve estudio, vimos que se estaban produciendo cambios muy interesantes en un sector que tiene en sus operaciones un alto componente de gestión documental. Observamos, apreciado lector, que la gestión de datos y la Inteligencia Artificial (IA) estaban contribuyendo a reducir los tiempos y esfuerzos en la elaboración de contratos, partiendo de repositorios con contratos y casos de negocio anteriores que, en algunos casos, conllevaban ahorros del 30%-40% del esfuerzo de búsqueda de información y elaboración documental.

En ese campo de los datos y la IA pudimos observar también algunas experiencias de administración de justicia abierta que permitían analizar sentencias y situaciones en determinados casos, permitiendo anticipar qué sucedería con cierta probabilidad si se repitieran situaciones similares.

En aquel momento, también apuntaban maneras algunos buscadores optimizados para el sector legal. Entre esas iniciativas tecnológicas de impacto encontramos las llevadas a cabo por empresas como Bigle Legal, IBM Watson, Priori Legal, Pyme legal, Salesforce, Validated ID, Councilbox, Signaturit o Judicata en áreas de aplicación y tecnologías como marketplaces, CRM, *Blockchain*, computación en la nube e Inteligencia Artificial.

En aquel estudio nos sorprendió cómo los *marketplaces* estaban también apareciendo en el sector legal que, debido a la alta especialización (mercantil, laboral, fiscal, familiar, etc.), generaba oportunidades de intermediación para las pequeñas y medianas empresas. Y lo hacía agregando servicios legales de pequeñas firmas y de autónomos especializados, a un coste y por unos canales digitales muy competitivos, con referencias contrastadas y gran crecimiento.

Otras tendencias interesantes que observamos en el estudio fueron el creciente auge de sistemas de firma electrónica y la gestión de identidad segura, que reducían costes y papel, así como distintas plataformas de CRM que permitían ofrecer una mayor transparencia a los clientes sobre la situación y los siguientes pasos a seguir en sus casos.

Todo aquello animó, pocos meses después, al equipo de Cuatrecasas a emprender un viaje exploratorio, en el que tuve la ocasión de acompañar al CIO, Francesc Muñoz; junto con el CEO, Rafael Fontana; el COO, Emilio Martínez y uno de sus socios, Martí Adroer.

Fueron 5 días en total, tres en San Francisco y dos en Nueva York, durante los cuales tuvimos la oportunidad de explorar a fondo los desafíos y oportunidades de innovación. Visitamos una amplia variedad de empresas, que incluyeron startups, corporaciones tecnológicas, aceleradoras y otros tipos de organizaciones.

Resultó ser una experiencia muy positiva que animó a la dirección de la firma a impulsar en el año 2016 lo que ha sido la primera aceleradora *LegalTech* en el sur de Europa: Cuatrecasas Acelera. Una iniciativa que está siendo un referente en el sector y en la que he tenido la oportunidad de colaborar como mentor e instructor de startups en sus diversas ediciones.

Cuatrecasas Acelera representa un caso de éxito de innovación abierta con propósito que ha supuesto muchos beneficios e impacto positivo a la firma y al ecosistema emprendedor.

Quizás lo más relevante es el cambio cultural y de imagen que puso a la innovación en el centro de su agenda. Una innovación con propósito e impacto en el negocio que genera ventajas competitivas.

Para muchos de los socios y profesionales de la compañía, la aceleradora ha representado la oportunidad perfecta para probar y desarrollar nuevos proyectos y servicios, al mismo tiempo que han tenido la posibilidad de asesorar y brindar apoyo a jóvenes emprendedores en sus propios proyectos.

Al ser pioneros en este campo, su imagen se ha visto beneficiada y han atraído talento joven al grupo con más eficacia, proyectando en los medios y en los clientes una imagen que ha dado múltiples reconocimientos a la compañía como referente de innovación en tecnología.

Gracias a esta iniciativa, Cuatrecasas redujo sus costes de investigación, desarrollo e innovación, al aprovechar recursos del sistema. Una iniciativa tan efectiva que ha favorecido que algunos profesionales de la compañía que llevaban en su interior un claro espíritu emprendedor hayan dado el salto para crear sus propias compañías *LegalTech* en la órbita de Cuatrecasas. Este flujo de talento es uno de los elementos más positivos que la iniciativa ha promovido.

En todos estos años, son muchos los emprendedores que se han beneficiado del impulso y ayuda que Cuatrecasas Acelera les ha brindado en cuanto a asesoramiento legal y contacto con clientes e inversores. Startups como Councilbox, PymeLegal, Validated ID y otras muchas han recibido *mentoring*, formación y acompañamiento que, sin duda, ha contribuido a su crecimiento y consolidación en el mercado, generando oportunidades para muchos profesionales e innovando con propósito en un sector complejo como es el de los servicios legales.

5.

Inversión y *Corporate Venturing*, un paso más allá en las iniciativas de innovación abierta

La clave del éxito en los negocios está en detectar hacia dónde va el mundo y llegar ahí primero.
Bill Gates

Más allá de la disminución de los costes asociados a la investigación, desarrollo e innovación, así como las sinergias provenientes del ecosistema circundante y la generación de ingresos adicionales mediante nuevos productos y servicios, la innovación abierta nos proporciona un tercer beneficio significativo: la rentabilidad en las inversiones.

Muchos amigos me comentan que, en ocasiones, han invertido en una o dos *startups* y sorprendentemente no les ha ido bien. Es normal. El índice de mortalidad del ecosistema emprendedor es muy elevado. Solo con un porfolio amplio de inversiones y una profunda y exhaustiva tarea de selección y acompañamiento es posible encontrar proyectos con alta rentabilidad que contribuyan a compensar las numerosas pérdidas del resto.

Considero, apreciado lector, que no tiene sentido entrar en iniciativas abiertas de inversión si de forma previa no se tiene en la organización una dilatada experiencia, madurez y éxito en las otras fases de innovación abierta, ya que esta es la más compleja y con mayor riesgo de todas. Por eso, antes de ponernos a invertir deberemos:

✔ Tener bien desarrollados nuestros retos.
✔ Formar a nuestro talento interno en intraemprendimiento.
✔ Experimentar con prototipos y pilotos.
✔ Acompañar y mentorizar algún proyecto emprendedor.

Una vez alcanzado un nivel de madurez después de superar las etapas previas, es factible agregar valor y evaluar de manera más precisa los riesgos. Solo de esta manera se logra llevar a cabo un acompañamiento efectivo de las inversiones realizadas.

En el caso de Cuatrecasas, no fue hasta la tercera y cuarta edición del programa de aceleración cuando la dirección empezó a impulsar iniciativas de inversión. Reservaron un fondo modesto en la firma para las primeras inversiones y dejaron que los socios que lo desearan tuvieran libertad para invertir y acompañar más meticulosamente aquellos proyectos de la aceleradora que escogieran.

Las aceleradoras aportan un muy buen conocimiento de los emprendedores y una visión clara de su capacidad de mejora durante los meses que dura el programa.

Un proceso de aceleración es como una pequeña carrera que incluye formación, exámenes y entregables que deben presentarse a menudo semanal o quincenalmente. Además, implica un estrecho seguimiento por parte de expertos y mentores. Esto permite adquirir un conocimiento profundo sobre la evolución y el progreso del proyecto y del equipo. A principios de los 2000, en mi etapa en el consejo asesor de inversiones de Nauta Capital, firma pionera en capital riesgo en el ecosistema emprendedor de Barcelona, aprendí algo muy valioso en innovación e inversión:

La capacidad de mejora de los equipos, junto con el mercado potencial, la propuesta de valor de producto o servicio y un equipo balanceado con habilidades en tecnología, gestión y venta, son los elementos más diferenciales para tener éxito en proyectos emprendedores.

En este sentido, siempre recuerdo con alegría una gran lección sobre la importancia de la mejora continua que me regaló Lucas Carné, uno de los fundadores de Privalia. Conocí a Lucas en un proceso de inversión que debíamos hacer desde Nauta y en las interacciones iniciales observé que las primeras versiones del portal de Privalia tenían muchas áreas de mejora en la experiencia de usuario y en usabilidad. En aquella etapa, yo dirigía las operaciones de Microsoft en Catalunya y reuní a Lucas y su equipo con el equipo del Centro de Innovación en Productividad que teníamos en Manresa (Barcelona), para que lo ayudarán a implementar algunas de esas mejoras. Lo cierto es que al principio tuve mis dudas y ciertas reservas sobre la viabilidad del proyecto y planteé al equipo de Nauta algunas reflexiones y cambios antes de aprobar la inversión.

Tras aquella sesión, pude ver con sorpresa cómo Lucas, con la ayuda de Marcel Rafart, uno de los socios de Nauta que dedicó gran parte de su tiempo a Privalia en esa etapa inicial, mejoró de forma muy rápida y notable múltiples aspectos.

En los primeros cinco años de vida de la compañía, se consiguieron generar más de 300 millones de euros de negocio y más de 1000 puestos de trabajo. ¡Fue increíble! Una experiencia que ha sido referente entre los mejores proyectos emprendedores del ecosistema de Barcelona en estos años. Este es un claro ejemplo que demuestra que, en el emprendimiento y la inversión, lo que realmente importa no es una instantánea tomada en un momento específico, sino más bien ver la película completa. El desafío y el éxito se basan en una mejora continua constante.

Nauta ha sido una de las firmas de referencia en inversión en el ecosistema emprendedor en Barcelona. La compañía acumula grandes éxitos en las ventas de algunas de sus participaciones en startups de valoraciones tan interesantes como Privalia (500M€), Social Point (250M€) y Scytel, que han dado un excepcional retorno sobre la inversión.

Sin embargo, nadie recuerda que para lograr esos éxitos tuvimos que impulsar más de 20 inversiones en los primeros años. Por no mencionar que la salida y venta que esperábamos en un plazo de 4-5 años se nos retrasó en algunos casos hasta nueve años, lo que hizo mucho más complejo el camino frente a lo que habíamos previsto inicialmente en la hoja de ruta.

La moraleja que en su momento extraje de todo aquello es que en el área de inversión hay que ser más prudente y estar mucho más preparado que en otras iniciativas de innovación abierta y que, además, es bueno llevarlas a cabo junto a terceros expertos con los que compartir riesgos y experiencia.

Durante los años en los que lideré la Fundación Mobile World Capital (2017-2022) también pude disfrutar mucho de las apuestas y el retorno de las inversiones en el ecosistema emprendedor. Desde la sociedad Mobile Ventures S.L, dependiente al 100 % de la fundación, con un presupuesto anual cercano a los 1,5 millones de euros y una estructura jurídica más ágil, pudimos ayudar a crear e invertir en más de 20 startups en ese periodo. De este modo, favorecimos también la transferencia de la excelencia científica a la industria y la combinación de talento científico con talento emprendedor.

Esta iniciativa respaldada por el programa The Collider, recientemente reconocido como un modelo exitoso por la Comisión Europea, desempeña un papel fundamental a la hora de abordar un déficit estructural en nuestro sistema de investigación y desarrollo en España. Este déficit se manifiesta en la falta de una transferencia efectiva desde los centros de investigación hacia la sociedad, a través de la creación de empresas que generen valor.

A pesar de que España ocupa el undécimo puesto a nivel mundial en la producción de publicaciones científicas (*papers*), existe un desafío significativo a la hora de convertir estas investigaciones y desarrollos en productos y servicios que aporten valor al mercado. La creación de empresas a partir de estos avances científicos no solo impulsa la economía, sino que también contribuye a la generación de empleo de calidad.

The Collider resuelve este déficit partiendo de retos gracias a una estrecha colaboración con grandes corporaciones que, a menudo, son los primeros clientes de muchos de estos emprendedores. Y lo hace combinando talento científico con talento emprendedor para impulsar equipos balanceados, promoviendo un acompañamiento intenso de doce semanas de cara al cierre de un mínimo producto viable, el desarrollo y ejecución de pilotos y, por último, la constitución de la compañía. Este proceso de fábrica de startups, conocido como *Venture Builder* tiene una alta complejidad y riesgos, y requiere una alta personalización en el acompañamiento.

Más allá de las aportaciones de capital, que en muchos casos no superan los 50 mil-100 mil euros en The Collider, lo más importante para estos proyectos emprendedores con científicos es tener clientes en fases tempranas que permitan validar el producto o servicio, junto con un acompañamiento excelente que aporte valor en las áreas de mejora de la startup. Un acompañamiento valorado en muchos casos por encima de los 100 mil-150 mil euros que incluye servicios de *mentoring* y *coaching* llevados a cabo por expertos que ayudan con su experiencia a los emprendedores y que aportan gran valor gracias a sus múltiples conexiones con el ecosistema de inversores y posibles clientes.

Para la mayoría de los emprendedores, recibir ayuda para conseguir los primeros clientes es mucho más valorado que las aportaciones de capital.

El proceso de selección para tener éxito en estos procesos de *Venture Builder* es muy riguroso. Se parte de retos concretos de corporaciones y se lleva a cabo una búsqueda de proyectos de investigación que se encuentren en fases de madurez cada vez más cercanas para poder lanzar un producto o servicio. Los indicadores de madurez de la investigación, conocidos como TRLs (*Technology Readiness Level*), muestran el grado de madurez de los proyectos de investigación, partiendo del TRL1, el más bajo, que corresponde a investigación básica, hasta el más alto, TRL9, referente al uso comercial con éxito de la ciencia o la investigación.

Los proyectos que entran en The Collider con TRL 3 o 4, con unos meses de acompañamiento, la finalización del mínimo producto viable (MVP), la protección intelectual y el pilotaje en clientes concretos, avanzan muy rápido para lanzarse al mercado, subiendo a TRLs 7 o TRLs 8, tras el acompañamiento que ofrece el programa.

En los cinco años en los que lideré la fundación, el programa The Collider tuvo unos excelentes indicadores:

✔ Creamos 20 compañías.

✔ Se generaron más de 100 puestos de trabajo (20 de ellos en centros de I+D evolucionando la investigación sobre el producto o servicio de la startup).

✔ Se invirtieron 600 mil euros por nuestra parte y se atrajeron 6 millones de euros de inversión privada de terceros (excelente ratio frente a la inversión propia de 10x1 dada la calidad y potencial de los proyectos).

✔ Se superó en el mercado una valoración del porfolio por encima de los 20 millones de euros.

Es un caso de éxito que fue posible gracias a un excelente equipo, con grandes profesionales al frente con los que tuve la ocasión de trabajar muy de cerca, como Oscar Sala y Pol Hortal, además de contar con la labor de magníficos mentores como Simón Lee, Alex Moñino y Jep Tarradas.

La startup de éxito Allread, liderada por Miguel Silva y Adriaan Landman, que es hoy uno de los referentes internacionales en sistemas de reconocimiento de información en movimiento en puertos para optimizar la cadena logística, es un claro ejemplo de los excepcionales resultados del programa The Collider que siempre recuerdo con enorme cariño.

Uno de los mayores aprendizajes extraídos del programa de inversión y creación de startups The Collider es la importancia en la **creación y desarrollo de un buen comité de expertos que contribuya en dos momentos clave: la selección de proyectos que entran en cada edición y la inversión y constitución de la compañía tras unos meses de acompañamiento**.

La combinación de diversos perfiles de expertos en la industria y en mercados verticales como salud, telecomunicaciones, inversión, investigación y mentores con experiencia enriquece enormemente el proceso de toma de decisiones.

También es importante ajustar bien los criterios homogéneos a la hora de decidir las apuestas e inversiones:

✔ El impacto y la propuesta de valor del producto o servicio.

✔ El potencial del mercado.

✔ El grado de protección de la propiedad intelectual.

✔ El posicionamiento competitivo y las barreras de entrada para otros competidores.

✔ El interés firme de las corporaciones para pilotar.

✔ El grado y calidad del desarrollo de cara a contar con mínimo producto viable (MVP).

Y, sobre todo:

✔ La calidad del equipo y el balanceo, con capacidades tecnológicas, de gestión y comerciales (esto último, si no está cerrado en la fase de entrada del equipo, se les ayuda a completar en las primeras fases del acompañamiento del programa).

Solo con excelentes expertos, sólidos criterios y una metodología probada es viable conseguir rentabilidad en las inversiones.

En el caso de The Collider, además, con el foco puesto en añadir propósito, y con más del 30% de los proyectos creados en el ámbito de la salud, aporta un valor añadido.

¡Ha sido una experiencia maravillosa liderar a este increíble equipo durante todos estos años!

6.

Clima, cultura y habilidades para promover la innovación

El éxito no se logra solo con cualidades especiales. Es sobre todo un trabajo de constancia, de método y de organización.
Víctor Hugo.

Las nuevas tecnologías no solo ofrecen ahorros y mejoras, sino que también abren la puerta a nuevos modelos de negocio en un entorno en el que la innovación tiene un alcance global. Hoy, se impulsan continuamente innovaciones en muchos ecosistemas de todo el mundo, los negocios son más complejos y los cambios se producen más rápido, ya que la capacidad de modificar hábitos, así como la adopción de estas nuevas tecnologías por parte de la población, se han acelerado.

Este nuevo entorno digital con experiencias de extremo a extremo, que permite desde la personalización del producto final para nuestro cliente, la coordinación con terceros en el diseño y prototipado, pasando por la realidad aumentada en procesos de planta y la colaboración entre personas y robots de forma más efectiva, está generando nuevas formas de trabajo.

Si deseamos crear un clima laboral que impacte de forma determinante en la productividad de nuestro negocio, que favorezca un entorno de innovación y que promueva la retención del talento, debemos enfocarnos en **impulsar proyectos con propósito aspiracional**, con objetivos sociales (apuntando a los ODS), más allá de los económicos y en fomentar la comunicación y transparencia en la organización.

La vida media de nuestras empresas se está reduciendo en los últimos años, pasando de más de 50 años, hace medio siglo, a menos de 15 años en la actualidad. En muchos casos, considero, querido lector, que la principal causa de mortalidad empresarial es nuestra falta de humildad, agilidad y velocidad para adaptarnos, anticipar y lograr ventajas competitivas de estos cambios tecnológicos.

El mayor reto no es la adopción de la tecnología en sí, sino la transformación que supone en los modelos de negocio y, sobre todo, en los hábitos de conducta y las nuevas habilidades necesarias en nuestros equipos.

Es evidente que es y será siempre el talento de las personas de nuestro equipo el mayor activo, capaz de generar ventajas competitivas sostenibles en el medio y largo plazo en nuestros proyectos.

Para poder direccionar estas oportunidades es fundamental implementar nuevos hábitos que promuevan una mayor cultura de innovación. Debemos crear y fomentar un nuevo estilo y nuevas formas de trabajo que incluyan cambios de hábitos, que conlleven mayor transparencia y fomenten la colaboración. Es necesario avanzar con pasos que nos permitan ayudar a los demás, incluso más allá de nuestras responsabilidades directas.

En ese contexto, resulta de nuevo fundamental **promover la formación continua**. Todo lo logrado hasta hoy ya no es garantía de éxito en el futuro, y debemos adaptarnos y formarnos continuamente, apostando por entornos que nos permitan compartir el conocimiento con generosidad.

Si queremos favorecer la innovación, otra consideración que debemos tener muy en cuenta es el **reconocimiento del error de forma positiva como oportunidad de mejora permanente.** Debemos ser ágiles para darnos cuenta y rectificar rápidamente cuando fallamos —lo que muchos denominan *fail fast and cheap*: "equivócate, pero rectificando rápidamente y sin gastarte una fortuna"—.

En Estados Unidos, por ejemplo, se valora de forma muy positiva que los directivos apunten en sus currículos, además de sus logros, los errores o fracasos que han experimentado en su carrera, ya que se trata de un indicador de su capacidad de innovar y de asumir riesgos en etapas de su vida profesional.

El **respeto a la diversidad** es otro elemento cultural clave para crear climas de innovación. Diversidad amplia en cuanto a nacionalidades, culturas, sexos, experiencias, capacidades, etc. Cuanta mayor diversidad mayor riqueza en los equipos.

Contar en el sector tecnológico con un porcentaje elevado de mujeres en el equipo es un reto hoy en día, pero nos conviene promover sin duda su inclusión, pues su talento y contribución es fundamental, aportan una visión con muchísimo valor en los proyectos. También es clave contar en los equipos con personas con capacidades diferentes, para integrar una visión más amplia y holística en la organización.

Por último, es importante generar entornos que **favorezcan la creatividad,** reconociendo el coraje necesario para inventar y direccionar las oportunidades que se generan impulsando alianzas y colaboraciones con terceros.

Los retos a los que nos enfrentamos son demasiado complejos como para tener éxito de forma individual. En las colaboraciones, alianzas y a través de la innovación abierta, encontraremos el camino del éxito en muchos de nuestros proyectos.

En este contexto, es necesario desarrollar nuevas competencias que favorezcan la innovación, empezando por la humildad, que es la base que nos ayuda a promover una mayor curiosidad y a mantener despierto y en forma el músculo del aprendizaje continuo, pasando por el valor, el trabajo en red, la orquestación, la gestión de la ambigüedad y la incertidumbre, y la divulgación efectiva del conocimiento.

Ya no es momento de poner el foco solo en equipos de alto rendimiento, sino en el desarrollo de capacidades de trabajo en red (redes de innovación) con terceros, lo que requiere grandes dotes de organización. Eso pasa por impulsar buenas habilidades de comunicación, gestión de proyectos y el desarrollo de iniciativas aspiracionales que ayuden a que los miembros de la alianza se unan y colaboren de forma natural e ilusionante.

Trabajar en red conlleva trabajar con terceros más allá de nuestros equipos y nuestra organización. Significa dirigir y liderar iniciativas con emprendedores, proveedores, clientes y muchos profesionales que no dependen de nosotros, lo que nos obliga a trabajar con ellos por influencia en lugar de jerarquía. Es aquí donde el concepto de **Redarquía**, o modelo de trabajo en red, que promueve José Cabrera, expresidente de Sun Microsystems, muestra todo su potencial en contextos de innovación. La Redarquía favorece que nuevas ideas se impulsen desde cualquier lugar de la organización, independientemente del nivel dentro del organigrama. Cada vez hay más precursores de este modelo de organización redárquica para promover innovación, que trabaja en paralelo al modelo jerárquico que suele ser más eficiente y efectivo en la operación y la ejecución del día a día.

Vivimos tiempos en los que es imposible tener por escrito todos los escenarios y opciones posibles. Debemos acostumbrarnos a los cambios continuos en el mercado, pero también en nuestras organizaciones, y es importante que aprendamos a gestionar nuestro entorno con un cierto grado de ambigüedad e incertidumbre. De este modo, podremos contribuir a construir juntos el camino que seguirá el proyecto, aportando nuestro granito de arena y compartiendo de forma efectiva el conocimiento.

Nos encontramos también con una serie de competencias y habilidades que, a pesar de no ser nuevas, toman mayor relevancia en los entornos de innovación actuales. Es el caso de la generación de impacto e influencia, pues ya no se trata de estar solamente presentes físicamente, sino de aportar y contribuir en métricas e indicadores de impacto que sean relevantes.

Lo mismo ocurre con la orientación al cliente, siempre ha sido importante, pero ahora lo es más que nunca, ya que nos permite detectar y anticipar cambios de hábitos y nuevas necesidades, sin olvidar la orientación a resultados y la creación de valor para el negocio, eso sí, siempre priorizando a las personas.

Por último, estimado lector, es clave en estos contextos generar la agilidad organizacional y flexibilidad necesarias para que nuestra organización pueda adaptarse. Asimismo, debemos aprovechar los cambios tecnológicos, de modelo de negocio y de entorno, a los que nos obligue el mercado para garantizar ventajas competitivas a nuestros proyectos empresariales en el futuro.

En este punto, contar con personas sobrecualificadas, que en el pasado conllevaba riesgos de rotación y desmotivación, se convierte en un activo relevante, al poder sumar capacidades que nos permiten direccionar nuevas necesidades y nuevos retos.

Es evidente que, en este momento —y todo apunta que así será en los próximos años—, los robots y los sistemas de Inteligencia Artificial asumirán cada vez más tareas repetitivas en plantas de producción, logística y también en funciones administrativas en muchas de nuestras empresas. Pero, también es evidente que las empresas del futuro requerirán profesionales con nuevas habilidades, creatividad y capacidad para trabajar con terceros y aprender nuevas técnicas. Todo ello dotará a nuestras organizaciones de flexibilidad y adaptabilidad para aprovechar los cambios que están surgiendo y surgirán en la industria.

Personalmente, creo que se avecinan tiempos apasionantes para la innovación, tiempos en los que el talento y las nuevas habilidades de las personas serán, una vez más, la clave para tener éxito en nuestros proyectos con propósito.

7.

Modelos de liderazgo que favorecen la innovación con propósito

La mejor manera de predecir el futuro es inventándolo.

Alan Kay.

Durante mi trayectoria profesional, he mantenido un constante interés en adquirir y perfeccionar diversas técnicas de gestión y liderazgo. Estas habilidades me han sido de gran utilidad para impulsar numerosos proyectos con un enfoque que tenga un propósito claro, en diferentes etapas de mi carrera. En este sentido, creo que **mi primera escuela relevante a nivel profesional fue HP** en los años 80. En aquella época, nos referíamos al estilo de dirección de la empresa como el "HP Way" (la forma de hacer en HP), que era muy especial y distinta a otras organizaciones en varios aspectos, sobre todo en su ejecución y despliegue reales.

Me sorprendió muy gratamente la capacidad de comunicación y transparencia con la que trabajaba toda la organización y el impacto positivo que con ello se generaba. Mensualmente, el director de la oficina de Barcelona, que en aquel momento era Manel Moñino, nos reunía a todos los empleados, de todos los niveles y departamentos, y nos compartía novedades acerca de la corporación, sobre el progreso de la unidad en Catalunya, productos o servicios, incorporaciones de nuevos empleados y otros muchos detalles. Se trataba de un ejercicio que resultaba realmente efectivo, ya que, de este modo, todo el mundo tenía muy claro dónde estábamos y hacia dónde íbamos.

Desde entonces, siempre que ocupo una posición directiva, mantengo los **Open Meetings periódicos como vehículo para compartir, comunicar y mantener alineada a toda la organización.**

Otro de los grandes aprendizajes que me llevo de mi etapa en HP fue lo que denominábamos "**Managing by walking around" (dirigir, paseando y hablando con el equipo).** Se trataba de un estilo de dirección en que los directivos procuraban dedicar un tiempo de calidad a estar muy cerca de la plantilla, preocupándose por ellos, preguntándoles cómo estaban, qué tal les iba y en qué podían ayudarnos a cada uno de nosotros, pero no solo a nivel profesional, también a nivel personal.

Preguntar y ofrecer ayuda a los miembros del equipo, no solo en aspectos profesionales, sino también en los personales, fue una gran lección que también me ha acompañado en los distintos momentos profesionales. Desde entonces trato de mantener reuniones periódicas (*one to one*) con las personas que dependen de mí en cada proyecto, para tratar de ayudarles y para marcar e impulsar planes de desarrollo de calidad.

En mi experiencia en HP, tuve la fortuna de contar con excelentes líderes como Raimundo Cornet, Carlos Santamaría y el destacado Joaquín Catalá, de quienes adquirí los fundamentos de lo que considero un liderazgo con propósito.

Aún hoy, en mi día a día, mantengo muy presente los consejos de Raimundo Cornet cuando me decía:

Es sencillo ser un gran mánager, solo hace falta hacer bien tres cosas:
1) Definir, comunicar y ejecutar una buena estrategia.
2) Rodearse de los mejores profesionales.
3) Mantenerlos motivados.

La experiencia me ha demostrado que liderar no es tan simple, pero si llevas a cabo las tres cosas que apuntaba Raimundo tienes muchas, muchísimas probabilidades de triunfar.

Por supuesto, el "HP Way" ha evolucionado con los años, pero aquella etapa fue excepcional y generó entre mis compañeros una enorme cantera de altos directivos que posteriormente asumieron puestos de mucha responsabilidad en corporaciones tecnológicas en España. Es el caso de Francisco Román, presidente de Vodafone y de Microsoft, con el que coincidí de nuevo como patrono en la fundación Mobile World Capital; Belarmino García, presidente de Amena, la actual Orange; Joaquín Catalá, que dirigió Silicon Graphics en nuestro país o Helena Herrero, presidenta de HP en España, entre muchos otros. Como bien nos decía a todos Juan Soto, presidente de la compañía en aquella época, que ejercía además de "padre profesional" para todos nosotros, HP era la mejor cantera de directivos con propósito e impacto del sector tecnológico del momento. Sin duda, tener jefes de tanta valía profesional y a su vez tanta calidad humana fue para mí un lujo en una etapa de grandes aprendizajes.

La segunda gran escuela profesional la encontré en **Sun Microsystems**. Una de las enseñanzas probablemente más valiosas fue **aprender a pensar en grande, "Think Big"**, y a tener aspiraciones que nos hagan ver que nada es imposible cuando hablamos de crecimiento si se cuenta con unas bases sólidas para intentarlo y lograrlo.

En Sun también descubrí **cómo transformar de forma muy rápida una compañía a nivel de organización, productos, servicios y estrategia.** Cuando entré en la empresa, el producto principal eran las estaciones de trabajo gráficas para cálculo y diseño, las *workstations*. Poco a poco, la empresa fue lanzando servidores, lo que nos posicionó en los centros de proceso de datos y nos permitió potenciar la línea de servicios. En esa misma etapa, lideramos el lenguaje Java, que se convirtió en el referente de desarrollo de aplicaciones en internet y nos permitió posicionarnos como líderes a nivel de servidores, algo que quedaba reflejado de forma muy gráfica en el conocido eslogan de la marca: "We're the dot in .com".

En poco más de tres años, la empresa de *workstations* se había transformado en un líder de servidores en internet. En aquel momento, tuve el privilegio de liderar el equipo de Soluciones en España, un equipo con capacidades de preventa y desarrollo de negocio en tres ejes: internet, el mundo de los ERP y el mundo de los *Datawarehouses*, los grandes centros de almacenaje y gestión de datos.

El desarrollo de esos tres verticales de soluciones nos permitió generar casos de uso de mucho impacto en diferentes sectores. También activar a un buen conjunto de *partners* que suponían cerca del 70% de nuestras ventas, aportando valor y conocimiento por encima de nuestro negocio principal, que eran los equipos (*hardware*). Sobre todo, el equipo de soluciones nos dio un relato y posicionamiento con propuestas de impacto en el negocio de los clientes, más allá de la tecnología que fue clave para incrementar la eficacia comercial.

Te puedo comentar, apreciado lector, que es un motivo de orgullo haber contado en mi equipo en ese periodo con destacados profesionales como Salvador Medina, quien más tarde ocupó el cargo de vicepresidente en el Banco Santander, y Bernardo Villazán, que posteriormente se convirtió en CEO de Lucent Technologies. Siempre enorgullece haber trabajado con profesionales mucho mejores que uno mismo y haberles ayudado en lo posible a crecer.

La tercera transformación que viví en Sun sucedió en los tres o cuatro años siguientes, cuando pasamos de vender estaciones de trabajo y servidores a ser un jugador relevante en el mundo de los *mainframes*, los grandes ordenadores de más de un millón de dólares de coste.

Para mí, fue increíble participar en la transformación de la organización para adquirir conocimiento y experiencia en esos grandes sistemas de misión crítica, que pasaron a ser una parte muy importante de nuestros ingresos. Flexibilidad organizacional y agilidad fueron vitales para ejecutar el cambio dos veces en ciclos muy breves de 3-4 años. Pasamos de jugador en el mundo de las estaciones de trabajo al de servidores para liderar internet, y acabamos con otro ciclo y "pivotaje" para pasar a ser un jugador destacado en el mundo de los *mainframes*. Algo realmente increíble cuando, unos años antes, casi nadie del equipo sabía lo que era un *mainframe*.

Otra de las cosas importantes que aprendí en aquella época en Sun fue **la importancia de delegar, acompañar y apostar por las personas.**

El efecto Pigmalión me demostró que si apuestas y das responsabilidades y apoyo a una buena persona que sea buen profesional te sorprenderá muy por encima de tus expectativas en más del 80 % de las ocasiones.

En Sun Microsystems tuve como maestro del "empoderamiento" de los equipos al gran líder José Cabrera, presidente de la compañía en aquella etapa de los 90. Cabrera creó un sólido comité de dirección y un excepcional clima de trabajo en el que la productividad, el compromiso y la excelencia en la ejecución fueron claves.

Y, por último, **mi tercera gran escuela profesional de liderazgo fue, sin duda alguna, Microsoft.**

Allí aprendí la importancia de hacer buenas reuniones periódicas individuales con los profesionales que me reportaban (*one to one*), poniendo el foco en la realización de buenos planes de desarrollo de las personas. Hacerlos bien es todo un reto, pues muchas veces nos orientamos a medir rendimiento y resultados, pero es complicado identificar áreas de mejora de los empleados y desarrollar planes para mejorar sus capacidades. De ese proceso extraje un gran aprendizaje: **una crítica constructiva y transparente sobre un área de mejora siempre es un regalo, un tesoro que te ayuda a analizar y mejorar.** Las palmadas en el hombro y los reconocimientos alimentan el ego y te llenan de orgullo, pero son las críticas constructivas las que verdaderamente te ayudan a continuar creciendo como líder y como persona.

También en la etapa de Microsoft tuve la oportunidad de llevar a cabo algunos **planes de mejora para empleados que presentaban un rendimiento más bajo del esperado**, a través de los cuáles los ayudábamos a superar obstáculos y mejorar sus resultados. Fue en aquel periodo de mi vida en el que aprendí más a fondo a hacer *mentoring* y *coaching* —y también a recibirlo—, cruzando profesionales que destacaban por sus capacidades y habilidades en algunas áreas con aquellos que debían desarrollarlas. Toda esa experiencia de *mentoring* es la que pude trasladar durante cuatro años al Mentoring Program de Barcelona Activa, en el que tres directivos ayudábamos cada semestre a un par de empresas, con reuniones mensuales tipo consejo asesor, para tomar decisiones y crecer de forma más efectiva.

Otro elemento clave que he podido comprobar que contribuye a generar un buen clima es fomentar una cultura que favorezca el reconocimiento y la celebración de los éxitos y logros. A veces vamos tan rápido que olvidamos celebrar adecuadamente lo conseguido y propiciar encuentros informales con los empleados en los que disfrutar. Trabajar duro, pero creando condiciones y promoviendo iniciativas para pasarlo bien ha sido uno de los pilares en mi vida profesional.

Recuerdo que mis compañeros de Sun Microsystems el día de mi despedida me entregaron una placa por promover el espíritu del **"work hard and have fun"**, un homenaje a todo lo que juntos conseguimos con esfuerzo y celebramos durante 11 años. Ese *leitmotiv* ha sido una filosofía de vida en mi camino profesional.

Las personas son el principal activo de las organizaciones y son las que marcan en el largo plazo las ventajas o desventajas competitivas.

Medir bien el clima, impulsar áreas de mejora continua y dedicar tiempo de calidad al desarrollo de los profesionales que te rodean es y ha sido uno de mis principales aprendizajes como directivo en las diferentes etapas de mi vida profesional.

8.

Las técnicas de venta como motor para innovar con propósito

Si tus acciones inspiran a otros a soñar más, aprender más, hacer más y convertirse en algo más, entonces eres un líder.
John Quincy Adams.

Para poder innovar impulsando proyectos con propósito, debemos asegurarnos de que se trata de proyectos sostenibles, tanto en su impacto sobre los ODS (Objetivos de Desarrollo Sostenible) y las iniciativas sociales, como en los objetivos económicos de ingresos y rentabilidad, es decir, en las ventas que permiten que todo lo demás sea posible.

En el mundo de las ventas, igual que sucede en muchas otras áreas de la vida, es imposible tener éxito si no sabemos bien qué estamos haciendo y por qué. Además, debemos ser capaces de medir los resultados de cada una de nuestras acciones desde un punto de vista estratégico.

En las ventas no existe la buena suerte. Debemos crear las condiciones de contexto adecuadas para que las cosas sucedan.

Por eso, cuando nos encontramos ante las organizaciones de nuestros potenciales clientes con múltiples decisores, sometidas a una alta presión competitiva y con ciclos de venta que en ocasiones son largos, es fundamental que **desarrollemos las capacidades de nuestro equipo comercial y de todos los equipos que trabajan cerca del departamento de ventas** (marketing, preventa y operaciones) para lograr:

✔ Alinear nuestros productos y servicios con las necesidades estratégicas del negocio y actividad de los clientes.

✔ Conocer mejor a la competencia para desarrollar un buen argumentario y relato de ventajas y diferenciaciones competitivas.

✔ Aportar valor maximizando la satisfacción del cliente.

Solo de este modo, lograremos pasar de ser unos buenos proveedores para convertirnos en un verdadero *partner* o socio estratégico para nuestro cliente.

Por eso, es necesario potenciar esas capacidades, mentalidad y aproximación estratégica en nuestros equipos, sobre todo, para incrementar el porcentaje de cierre de oportunidades de ventas que tengamos abiertas en grandes cuentas.

A veces, se pierden, se retrasan o directamente, no tenemos un control adecuado de las oportunidades y nos encontramos con situaciones en las que una operación acaba convirtiéndose en una pérdida. Para evitar que eso suceda, es importante **anticiparnos, establecer una buena segmentación y hacernos las preguntas y las reflexiones adecuadas en equipo.**

Trabajando la **metodología de venta estratégica B2B** (*Business-to-Business*), centrada y con orientaciones prácticas, podremos ser mucho más eficaces en el cierre de operaciones comerciales en grandes cuentas.

Otro punto fundamental al hablar de venta estratégica es mantener unas **buenas prácticas en nuestros planes de cuenta**. Hay que pensar en el medio y largo plazo de la relación con nuestros clientes, más allá de las oportunidades concretas y, sobre todo, en cómo nos podemos convertir en un *partner* estratégico para él, aportándole valor en su negocio.

Debemos ser capaces de establecer, desde el punto de vista de contactos, relación y complicidad con los decisores clave del organigrama del cliente, una buena comunicación que ayude a generar un marco de confianza en los diferentes niveles (técnico, usuario, económico, etc.).

Es importante, querido lector, que pongamos la satisfacción en el centro para ayudar a desarrollar ese compromiso y complicidad, además de ser capaces de desplegar un argumentario competitivo, apoyándonos en la medida de lo posible en nuestros *partners* y colaboradores para poder crecer más en nuestras grandes cuentas.

El desarrollo de buenos planes de cuentas es, indiscutiblemente, un elemento fundamental que nos ayudará a crecer, pero debemos recordar que...

La venta directa nos da la gloria, pero es la venta indirecta la que da la victoria.

Cuando desarrollas tu negocio de forma efectiva con *partners*, eres capaz de multiplicar x5, x10, x20 o x100 tu fuerza de ventas, creando una sólida propuesta de valor. Es entonces cuando tu compañía está *partner ready*, es decir, lista para compartir conocimiento y hacer que los *partners* puedan representar y defender tus productos y servicios con la misma calidad que lo hacen tus propios equipos.

En esta fase, es requisito indispensable desarrollar un buen plan de *partners* y de alianzas, hacer un buen análisis de segmentación que defina a qué clientes ideales queremos llegar, qué *partners* los están atendiendo con éxito y concretar cómo podemos seleccionarlos, activarlos y hacerles una propuesta de valor que haga que sean complementarios y aporten.

Este tercer eje, centrado en los *partners* y el desarrollo de canal, es uno de los más complejos, pero también uno de los que mayores crecimientos y alegrías nos da en el mundo de la venta estratégica B2B.

A lo largo de más de 40 años en el ámbito comercial, he acumulado una amplia experiencia en el desarrollo de técnicas de venta estratégica B2B para empresas e instituciones. He tenido la oportunidad de poner a prueba estas técnicas en diversos sectores, incluyendo el industrial, de servicios y tecnológico, además de demostrar su eficacia al simplificar lo que en apariencia es complejo.

La gestión del embudo de ventas (*pipeline*) y las previsiones (*forecasting*) son dos elementos clave en los procesos de ventas B2B. Un embudo adecuado debe contar con oportunidades en las tres fases principales del ciclo de ventas: cualificación, sentar y cubrir las bases y el cierre.

Si tenemos muchas oportunidades en la fase de cualificación y pocas en el resto, con ciclos largos en los procesos de ventas en grandes cuentas, tendremos malos resultados a corto plazo. Si, por el contrario, tenemos la mayoría de las oportunidades en fase de cierre (ultimando), tendremos un trimestre magnífico, pero los siguientes serán muy complicados.

La primera, la **fase de cualificación**, es clave en ventas B2B. Una buena cualificación parte de una buena segmentación, es decir, de un buen ejercicio donde hayamos definido con precisión las características de nuestro cliente ideal, sector, tamaño, geografía y otras características. Una mala cualificación conlleva mucho desgaste, inversiones y esfuerzos que no siempre dan resultados.

En la **fase de sentar las bases**, en la que aplicamos más a fondo las técnicas de venta estratégica y venta compleja para conocer y ganarnos la confianza de las influencias compradoras clave (económica, técnica, usuaria), profundizaremos en cómo nuestros productos y servicios aportan valor alineados con las prioridades de negocio del cliente. Dedicaremos tiempo a recabar detalles sobre los criterios y el proceso en la toma de decisiones y también identificaremos los movimientos de la competencia. Es importante concretar y adaptar nuestro relato con detalles de nuestras ventajas competitivas y definir acciones estratégicas para avanzar de forma adecuada en la oportunidad.

Existen algunos puntos en los que podemos experimentar dificultades para avanzar con los procesos de venta y que nos alertan frente a posibles peligros. Son las llamadas banderas rojas, es decir, aquellas amenazas a las que podrían enfrentarse las ventas de tu negocio por falta de información y que al obtener dicha información te ayudan a definir los siguientes pasos de cara al objetivo de venta.

Es fundamental identificar las posibles dificultades o problemas antes de que nos impidan avanzar. Colocarles una bandera roja nos ayudará siempre a tenerlos fácilmente identificados.

¿Cuáles son las amenazas que nos podemos encontrar en un proceso de venta compleja B2B?

✔ Falta de información esencial.

✔ Influencias compradoras nuevas o no conocidas.

✔ Incertidumbre sobre la información, la compañía, necesidades, competidores, criterios y proceso de decisión, etc.

✔ Reorganización.

Y por último, es en la **fase de cierre** el momento de la verdad en el que tendremos que aplicar capacidades de negociación para conseguir el pedido o contrato.

Es fundamental dedicar tiempo de calidad en equipo al análisis de oportunidades de venta compleja o venta estratégica. Durante este proceso, es esencial formular las preguntas adecuadas que nos ayuden a definir un plan de acción efectivo para cerrar estas oportunidades.

Te puedo compartir, apreciado lector, que en los talleres de técnicas de ventas complejas B2B siempre realizo algún ejercicio con el que partimos de una oportunidad concreta, de un cliente concreto, con un importe de la oportunidad y una fecha de cierre estimados. Además, es esencial identificar todas las influencias compradoras, incluyendo a los directivos del cliente que participan en la toma de decisiones en aspectos económicos, técnicos, de usuarios, entre otros.

Resultará fundamental conseguir que una de las influencias compradoras se convierta en nuestro instructor y nos guíe en la operación (criterios, decisores, movimientos de la competencia, etc.). No podemos olvidar que la venta conlleva un proceso de confianza y que para vender hay que generar esa confianza y conseguir que alguna de las influencias compradoras clave del cliente se convierta en nuestro amigo o *coach*.

También es necesario dedicar un tiempo a conocer bien a la competencia. La falta de conocimiento detallado de la competencia y de los movimientos de la misma es una de las principales causas por las que se pierden oportunidades de ventas en las grandes cuentas.

No hay que obsesionarse, pero es muy importante profundizar en las capacidades de nuestros competidores y analizar, desarrollar y mejorar nuestro argumentario y relato de ventajas para ganar eficacia en los procesos de ventas B2B. Debemos profundizar en las características técnicas del producto o servicio de nuestra competencia, sus precios, su situación financiera, su estrategia (directa, si vende directamente a los clientes, o indirecta, si va de la mano de un distribuidor, revendedor o *partner*).

Los errores de la competencia en las grandes cuentas, que resultan en insatisfacción por parte de los clientes, representan una oportunidad valiosa. Estos errores nos permiten abrir una puerta de entrada para ganar terreno y mejorar nuestra posición en el mercado.

De igual modo, debemos cuidar con máximo detalle la satisfacción de nuestros clientes, en relación con nuestros productos y servicios, gestionando expectativas razonables en costes y plazos si no queremos perder posiciones en las cuentas, dejando abierto el paso a los competidores.

Es muy difícil ganar la confianza de un gran cliente, pero es muy fácil perderla con un error.

Como apuntábamos, querido lector, en la estrategia de venta compleja es fundamental ganarnos a un instructor o *coach*, una persona de confianza dentro del cliente que nos guíe y nos indique qué influencias compradoras van a jugar un papel clave, cuáles van a ser los criterios y pesos de la decisión y, sin duda, qué competidores y qué movimientos y apuestas están haciendo en la cuenta, para poder definir y ejecutar una estrategia ganadora.

En función de cómo evolucione la operación y los criterios de decisión, debemos desarrollar capacidades para adaptar y mejorar nuestro relato. Esto implica generar ventajas competitivas tangibles para el cliente, lo que favorecerá nuestra capacidad para ganar esa oportunidad.

Haciéndonos las preguntas adecuadas en equipo en ejercicios, acerca de si debemos intentarlo, podemos competir y podemos ganar, nos surgirán banderas rojas. Resolver estas cuestiones nos permitirá avanzar, incrementando el porcentaje de probabilidades de cierre de una oportunidad concreta.

Pero más allá de las oportunidades de venta concretas y sobre todo cuando tenemos algún gran cliente, es importante elaborar planes de cuenta de calidad, que nos aportarán luces largas ayudándonos a planificar acciones y a gestionar mejor las oportunidades a medio y largo plazo.

Un buen plan de cuenta es una herramienta que nos permite:

✔ Conocer mejor al cliente, sus prioridades y decisores clave.

✔ Alinear nuestro porfolio con iniciativas de valor enfocadas a esas prioridades de negocio del cliente.

✔ Conseguir un alto nivel de satisfacción.

✔ Priorizar acciones e inversiones que contribuyan a que pasemos a ser un *partner* estratégico de nuestro gran cliente y dejemos de ser un mero proveedor.

Así como el éxito de una buena reunión es una buena preparación, el éxito del crecimiento del negocio con un gran cliente pasa por elaborar buenos planes de cuenta.

Los planes de cuenta son, sin duda, un instrumento muy útil para mejorar el conocimiento y la complicidad con los grandes clientes. También nos permiten ajustar nuestro relato competitivo logrando que, en nuestras interacciones con los directivos del cliente, a todos los niveles, seamos mucho más efectivos desde el punto de vista comercial.

La segmentación es también un ejercicio fundamental y hay múltiples modelos y ejes para analizar los perfiles ideales de nuestros clientes potenciales, por tamaño, sector o tipo de industria (por ejemplo: sector público, sanidad, educación, automoción, alimentación, etc.), y geografía; y a los partners y colaboradores por modelo de negocio (distribuidores, integradores, influenciadores).

Una vez hemos analizado el tamaño del mercado en cada segmento y hemos encontrado nuestros primeros clientes, es importante capturar las primeras referencias activas, es decir, aquellos clientes que son ejemplo y referentes en su sector y segmento, y que pueden ayudarnos a atraer más clientes.

Para ello, en algunos casos hay que poner foco en la acción comercial e invertir aplicando, si es necesario, condiciones de venta especiales a cambio de que nos permitan desarrollar casos de éxito y documentar retornos de inversión (ROI). De este modo, podremos medir con la mayor precisión posible el impacto que el uso de las buenas prácticas de nuestra solución ha producido en la reducción de costes, el incremento de las ventas y, en definitiva, en la contribución general que ha producido en el negocio, en la cuenta de resultados y en otros indicadores clave en nuestros clientes finales. Todo ello nos ayudará a reforzar nuestra propuesta de valor, permitiéndonos predecir mejor los beneficios de nuestro servicio o producto.

En la mayoría de los casos es muy positivo hacer algún evento de marketing con esos clientes con referencias activas para que sean ellos y no nosotros, quienes compartan con sus compañeros del sector los beneficios de nuestra solución. Siempre tiene mayor impacto y credibilidad que sean los propios clientes quienes hablen de nosotros a que lo haga nuestro propio equipo.

El otro gran acelerador de ventas B2B es el desarrollo y ejecución de un buen plan de *partners* y alianzas, consiguiendo que terceros apuesten e inviertan en nuestra solución, permitiéndonos multiplicar de forma exponencial nuestra fuerza de ventas y nuestra capilaridad.

Al igual que con la segmentación de clientes, el tipo y modelo de los posibles *partners* en el sector tecnológico es muy variado. Va desde integradores y revendedores hasta influenciadores, agregadores, etc.

Dentro del plan de *partners* es importante definir un modelo de precios y de compensación adecuado para cada uno, en función de su contribución e inversión en la cadena de valor. El modelo de precios debe ser lo más claro y simple posible, ya que si queremos crecer rápido a través de *partners* debemos promover la simplicidad.

Una vez elaborado nuestro mapa de *partners,* es importante focalizarse en aquellos de mayor potencial que nos permitan multiplicar exponencialmente nuestra fuerza de ventas y presencia internacional. Deberemos dedicar recursos específicos de venta y preventa para ese desarrollo y recursos para acciones de co-marketing.

Las técnicas de ventas estratégicas y ventas complejas B2B nos han demostrado en estos años que marcan una gran diferencia e impacto en las organizaciones. Quiero explicarte, apreciado lector, que en la formación comercial que impartimos en Castilla y León para los emprendedores de dicha comunidad, en la impartida en la aceleradora de Cuatrecasas Acelera, en las clases del MBA de la Universidad Internacional de La Rioja y en otros cursos presenciales en los que han participado más de 1.000 alumnos en estos últimos 10 años, más del 70 % de los ejercicios prácticos realizados sobre oportunidades con grandes cuentas han acabado en un contrato o en un pedido del cliente, antes de tres meses tras la formación. Además, los planes de cuentas elaborados durante este periodo han permitido a numerosas organizaciones experimentar un crecimiento anual de más del diez por ciento en sus grandes clientes.

Con buenas técnicas de ventas B2B para analizar e incrementar el porcentaje de posibilidades de cierre en grandes operaciones, analizando a fondo la competencia, realizando una buena segmentación y gestión del embudo de ventas, desarrollando buenos planes de cuentas con los grandes clientes y planes con *partners* para vender con terceros; podemos incrementar nuestras ventas, asegurando la sostenibilidad económica de nuestros proyectos, lo que nos permitirá dedicar más recursos al impacto social y propósito del mismo.

9.

La sostenibilidad (y los ODS) como eje central de impulso de iniciativas con propósito

Crear un negocio fuerte y construir un mundo mejor no son metas contradictorias: ambas son ingredientes indispensables para el éxito a largo plazo.
William Clay Ford Jr.

Si algo tengo claro hoy en términos de innovación es que tiene más sentido que nunca impulsar nuevos proyectos que contribuyan a paliar de alguna forma la emergencia climática, social y digital en la que nos encontramos inmersos.

Cada uno de nosotros tiene el deber de contribuir al cumplimiento de los 17 Objetivos de Desarrollo Sostenible impulsados por las Naciones Unidas que nos proporcionan una hoja de ruta y un lenguaje común para mejorar la calidad de vida de las personas y de los seres vivos de nuestro planeta.

Personalmente, me apasionan los ODS 8, 10 y 17 y he dedicado gran parte de mi vida profesional a contribuir, en todo lo que me ha sido posible, a su consecución, además de aportar iniciativas para ayudar también en los números 3 y 4, sin olvidar el resto.

Desde la dirección del sector público en Sun en los 90 y en Microsoft en los 2000, así como en la etapa más reciente como servidor público en la dirección de la Fundación Mobile World Capital Barcelona, he tenido oportunidad de impulsar innumerables proyectos de innovación y despliegue de tecnologías dentro del mundo de la salud (ODS 3) y de la educación (ODS 4) que han contribuido a aportar mejoras en la vida de miles de ciudadanos.

Trabajar para el sector privado supone un gran reto, pero hacerlo para el sector público siempre he considerado que conlleva una mayor responsabilidad, ya que impacta sobre servicios básicos que afectan a millones de ciudadanos. El rigor y la seguridad en esos proyectos son y deben ser excepcionales.

En este ámbito de contribución a la mejora de la educación, siempre tengo presente mi participación durante mi etapa de dirección en el sector público de Microsoft en los años 2.000. En ese periodo, colaboré en la implementación de equipos digitales en centros educativos públicos de toda España para el proyecto Escuela 2.0. En Catalunya, bajo el nombre Educat 1x1, logramos desplegar más de 140.000 ordenadores en un solo año, destinados a estudiantes de primaria y secundaria. Este despliegue impulsó un modelo innovador de copago, con un tercio financiado por las familias para el uso en casa, otro tercio por la Generalitat, y el último tercio por el Estado. Además, se implementó una mochila digital en colaboración con las editoriales. Se trataba de una apuesta innovadora y valiente que promovió Xavier Kirchner, como asesor del consejero de Educación de la Generalitat de Catalunya en aquel momento, Ernest Maragall. Fue un proyecto revolucionario que cambió de forma positiva los entornos educativos de las aulas de centros públicos.

Esa pasión por la educación es la que me ha llevado a incorporarme al patronato de la Escuela de negocios de EADA, contribuyendo a tomar decisiones y a apoyar a la institución en su estrategia académica y de impacto social.

En cuanto al ODS 8, promoviendo crecimiento económico y trabajo de calidad, puedo decir que ha sido para mí un foco de atención constante en todas y cada una de mis etapas profesionales. He podido ayudar a hacer crecer a organizaciones que a su vez han generado puestos de trabajo de calidad y oportunidades de desarrollo profesional.

Toda esa experiencia es la que en este momento estamos desplegando desde Grau Innovation Consulting para ayudar a crecer a muchas más organizaciones que deseen impulsar proyectos con propósito.

Cuando hablamos de desarrollo sostenible, solemos referirnos principalmente a los efectos de la emergencia climática que está acarreando problemas muy relevantes en nuestro planeta: calentamiento global, cambio del clima, de la calidad del aire, de los movimientos de los mares y de la evolución de los glaciares, de los costes de la energía y otros muchos efectos. Sin embargo, se presta poca atención en la actualidad a la otra gran emergencia: la emergencia digital.

Y quiero referirme a ella en términos de emergencia, pues así la considero, estimado lector, al observar cómo la digitalización está afectando de forma muy directa nuestras vidas en múltiples escenarios, como el acceso a una educación en red de calidad, a servicios de teleasistencia, a nuevos trabajos desde entornos más flexibles o incluso a nuestra movilidad.

Durante la pandemia hemos vivido cómo, sin un carné epidemiológico y un código QR de un permiso de inmigración, no podíamos tomar un vuelo a determinados países. Lo que hace unos años era opcional, hoy en día afecta a servicios y a derechos humanos básicos. Y esto tan simple, que parece una tontería, ha hecho que muchos mayores de 65 años hayan perdido aviones en todo el mundo debido a la falta de habilidades digitales mínimas que les permitieran gestionar estos procesos.

Por desgracia, una parte relevante de la población de nuestro planeta no tiene acceso a las nuevas tecnologías. Esto se debe a diversas razones, que incluyen la falta de servicios de conectividad, falta de dispositivos, dificultades económicas, pero, sobre todo, se trata en muchos casos de la falta de formación en competencias digitales básicas.

En muchas ciudades la brecha digital, es decir el porcentaje de población sin competencias ni recursos digitales, se sitúa por encima del 10%-15%, pero si nos vamos a los entornos rurales estos porcentajes se disparan entre el 30% y el 40%, en muchos casos. Se trata de una brecha que limita oportunidades y servicios y, por ende, la calidad de vida de las personas.

La lucha por reducirla ha sido siempre una de mis máximas prioridades. A lo largo de mi carrera profesional he podido apoyar distintas iniciativas enfocadas en el cumplimiento del ODS 10, con foco en la reducción de las desigualdades. Y que dentro de este objetivo global se centraban concretamente en la reducción de la brecha digital a través de proyectos que ofrecían formación y competencias digitales a colectivos en riesgo de exclusión. Hoy puedo afirmar, apreciado lector, que ha sido una de las experiencias más enriquecedoras para mí.

Al incorporarme a Microsoft en el año 2005 inauguramos las oficinas en la zona de Diagonal Mar, junto al distrito de Poble Nou (22@).

Uno de los proyectos que impulsamos en esa etapa fue la colaboración con Fundesplai, dedicada al tercer sector y encargada de ayudar a niños y jóvenes a través del desarrollo de actividades extraescolares, también a personas mayores y personas con dificultades en riesgo de exclusión.

En Esplai encontramos un partner ideal ya que, bajo el nombre "Ordenador Práctico", habían invertido en el desarrollo de contenidos de calidad para ofrecer formación en competencias digitales básicas. Contenidos reconocidos por el Ministerio de Industria y considerados un referente en el sector.

Además, impulsaron el programa Aulas Conecta, en colaboración con varios fabricantes de equipos –como Dell, entre otros–, que les cedían equipos en condiciones especiales. Desde Microsoft, también pudimos aportar fondos y ceder licencias de *software*.

Esplai desplegaba esas aulas en centros cívicos de barrios con población en dificultades y estaban destinadas a dar formación a colectivos en riesgo de exclusión por la brecha digital: personas mayores, inmigrantes de distintas nacionalidades y mujeres sin formación. También contaban con un programa de voluntariado para las Aulas Conecta, Conecta Joven, en el que participaban jóvenes que dinamizaban y ayudaban de forma totalmente altruista.

La experiencia de colaboración con Fundesplai fue sencilla y muy enriquecedora. Encontramos un aula muy cerca de nuestra oficina de Microsoft, en el distrito 22@ (San Martí, Barcelona) cerca de Diagonal Mar y vimos muy clara la oportunidad de ofrecer a la población en riesgo del barrio formación digital gratuita.

Para nuestros empleados fue una oportunidad de voluntariado muy gratificante y fácil de llevar a cabo. Consistía en dedicar un par de horas durante dos tardes a la semana a lo largo de tres meses, con el propósito de ayudar a personas mayores, inmigrantes o mujeres sin estudios, a formarse en competencias básicas. ¡Y, además, la experiencia brindaba la oportunidad de conocer personas y detalles del barrio!

Siempre he pensado que todos debemos predicar liderando con el ejemplo, de modo que no dudé en hacerme voluntario durante tres meses en este programa y eso animó inmediatamente a otros muchos empleados, de forma que, en poco tiempo, el 40% de la plantilla participaba activamente en la iniciativa.

Es sorprendente ver el impacto que genera ayudar a otras personas a hacer cosas que para los profesionales del sector digital son obvias y simples: crear una cuenta de correo electrónico gratuito, hacer una videoconferencia con un amigo o familiar, descargar en el ordenador las fotografías de una cámara o de un teléfono móvil o crear una receta de cocina con un editor de texto y compartirla con amigos. Pequeñas acciones que realmente pueden cambiar la vida de las personas en riesgo de exclusión, permitiéndoles comunicarse fácilmente con sus seres queridos, compartir conocimiento y disfrutar de oportunidades que, de otro modo, les quedarían muy lejanas.

También en la etapa de la Mobile World Capital (2017-2022) tuve oportunidad de impulsar y contribuir en la expansión del programa *Mobile Week* que, durante unos días, acercaba la tecnología a la ciudadanía a través de formación, talleres y actividades. Este programa nació en Barcelona para extenderse rápidamente a múltiples ciudades de toda Catalunya y posteriormente a otros lugares de toda España, como La Coruña, Málaga, Orense o Alcalá de Henares.

La *Mobile Week* ofrecía talleres en competencias digitales básicas dirigidos a mayores de 65 años; talleres sobre ciberseguridad y detección de noticias falsas para jóvenes y adultos y también talleres para despertar vocaciones STEM entre niños y niñas.

El programa tuvo un impacto significativo. Solo en 2021, tuvimos la oportunidad de impartir talleres, conferencias y actividades que mejoraron las competencias digitales con la participación de más de 70.000 ciudadanos de nuestro país.

Y, finalmente, quiero destacar uno de mis objetivos preferidos, el número 17, que nos insta a forjar alianzas para promover el logro de los demás ODS. Para abordar este desafío de manera efectiva, mi experiencia me ha enseñado que:

Es necesario aportar visión, recursos, generosidad y humildad, dando un paso adelante para que las cosas sucedan, liderando con el ejemplo, pero a su vez dejando el protagonismo a terceros, siempre que tengamos ocasión.

La alianza Barcelona Digital Talent de la fundación Mobile World Capital es un gran ejemplo de alianza compleja en línea con el ODS 17.

Esta iniciativa surgió de las reflexiones compartidas con un grupo de expertos del ecosistema —al que denominé círculo de confianza— y de la experiencia de contactos directos con directivos de corporaciones que estaban evaluando establecer en Barcelona sus sedes o centros de competencia e innovación en digitalización. Todos ellos, por encima de la seguridad, la calidad de vida, de educación y servicios sanitarios, las conexiones de vuelos o los costes de oficina, valoraban prioritariamente el acceso y capacidad de retención del talento digital.

Un tema en el que el área metropolitana de Barcelona presentaba un déficit a falta de una hoja de ruta clara y de la presencia de muchos pequeños programas e iniciativas fragmentados.

Barcelona es una ciudad atractiva para vivir y trabajar, capaz de atraer a talentosos profesionales de todo el mundo. Sin embargo, nos enfrentamos al desafío de que la demanda de talento digital crece a un ritmo más acelerado que la oferta que proporcionan nuestras instituciones educativas, incluyendo universidades, centros de formación profesional y academias de programación. La reducción de este déficit es una prioridad estratégica para la ciudad, ya que está directamente relacionada con la capacidad de atraer inversiones y el interés de grandes corporaciones de establecerse aquí. En este vibrante ecosistema, se generan anualmente más de 30.000 empleos en el sector digital, mientras que nuestras universidades gradúan aproximadamente 10.000 ingenieros al año. Este desequilibrio plantea un desafío significativo que debemos abordar de manera efectiva.

La alianza Barcelona Digital Talent (BDT) –liderada por Jordi Arrufi– ha permitido unir bajo una misma gobernanza, fijada por la demanda, a los tres colectivos principales que requieren talento digital: las grandes corporaciones que se están digitalizando, las empresas del sector tecnológico y el ecosistema emprendedor.

Una iniciativa que cuenta con la generosidad y apoyo del sector público –las tres administraciones: Generalitat de Catalunya, Ayuntamiento de Barcelona y Gobierno de España– y que también recibe el soporte de otras entidades y asociaciones como Cercle Tecnològic, Foment, PIMEC, entre muchas otras. Todas ellas han sumado sus esfuerzos en talento digital para construir un gran programa en lugar de pequeñas iniciativas fragmentadas.

Desde la fundación dedicamos al lanzamiento del programa un presupuesto de cerca de 400 mil euros y tres personas. En poco tiempo, triplicamos recursos gracias a las aportaciones del resto de miembros de la alianza, consolidando un gran programa global de talento digital en toda el área metropolitana de Barcelona.

Conseguimos que el Servicio Público de Empleo de la Generalitat de Catalunya (SOC) confiara en esta alianza para diseñar los programas y orientar las ayudas de formación ocupacional. Muy pronto conseguimos atraer más de 5 millones de euros al año de fondos de formación ocupacional para formar a más de 1.200 profesionales en el sector digital, impulsando un encuentro anual del talento digital, Jump2Digital, que se ha consolidado como el mayor del ecosistema entre la demanda y la oferta de talento digital. Durante el evento del MWC, promovimos más de 400 "speed datings", entrevistas entre talento y empleadores, que tuvieron mucho éxito y que consiguieron que más del 15% culminaran en contratos de trabajo antes de dos meses.

Es evidente que las alianzas son clave para el futuro si queremos aumentar el impacto en los Objetivos de Desarrollo Sostenible (ODS), y Barcelona Digital Talent es un claro ejemplo de ello.

10.

Innovando, dejando un legado de la mano de una gran corporación tecnológica: el caso de Microsoft en Catalunya (2005-2014)

> **Tú mismo debes ser el cambio que quieres ver en el mundo.**
> Gandhi.

Recuerdo con cariño cuando mi buen amigo Elías Ramos, en aquel momento director de Sector Público de Microsoft en España y la persona que me sustituyó en Sun —¡que pequeño y curioso es este mundo!—, me llamó a principios del 2005 para animarme a presentarme a una nueva posición que querían crear para Microsoft en España: la dirección en Catalunya.

Se trataba de una nueva posición que reportaba directamente a la presidenta, en aquella etapa Rosa García, y que implicaba la colaboración estrecha con el propio Elías y con Isaac Hernández, director de Grandes Cuentas —y actual director General de Google Cloud en España—, para liderar las operaciones de la compañía en Catalunya.

Un destacado equipo directivo en España, con ejecutivos altamente talentosos como Rosa, Isaac y Elías, enfrentaba un desafiante proyecto en una importante corporación tecnológica líder en nuestro sector. La oficina de Microsoft en Catalunya, que llevaba abierta más de 15 años, presentaba resultados de crecimientos moderados en los últimos tiempos, por debajo de la subsidiaria en España. La administración pública, tanto el Ayuntamiento de Barcelona como la Generalitat de Catalunya, habían hecho una firme apuesta por el *software* libre, en un movimiento que dejaba fuera de juego a Microsoft.

Por aquel entonces, la compañía disponía de una tecnología líder para entornos colaborativos, con Office como plataforma ofimática de referencia para generar y compartir textos, presentaciones y hojas de cálculo, y con Exchange como plataforma de correo electrónico. Ambos productos eran líderes en el mercado para colaborar y mejorar la productividad sobre sistemas operativos Windows.

Pese a ello, la presidenta de Microsoft era recibida en ocasiones por altos cargos del gobierno de la Generalitat de Catalunya con un clima de cierto distanciamiento y desinterés en relación a lo que la compañía podía aportar en el territorio. A su vez, en Catalunya había un índice relevante de falta de cobertura legal en el uso de licencias de algunos de los productos de Microsoft —lo que conocemos popularmente como piratería— y que consistía en desplegar y usar más licencias de las que realmente algunos clientes tenían contratadas.

Mi primera decisión fue promover un consejo asesor al que llamamos círculo de confianza —una iniciativa que repetí con éxito en la etapa de la fundación Mobile—, formado por representantes relevantes y cercanos de los diferentes agentes de la sociedad civil catalana, universidades, centros de investigación, patronales empresariales, medios de comunicación, expertos del ecosistema de innovación, asesores de altos cargos del gobierno autonómico, empresarios, partners, clientes de la compañía, etc.

El propósito del círculo de confianza era analizar las prioridades de la sociedad en Catalunya en ese momento y establecer una hoja de ruta con iniciativas en las cuales Microsoft pudiera realizar una contribución significativa, tanto económica como social, con el fin de mejorar la calidad de vida de las personas.

De este modo, se lograría mejorar de forma sustancial la imagen y posicionamiento de la compañía, sustituyendo la imagen de una corporación acusada de monopolio y con afán de lucro por la de una compañía comprometida con el país que impulsase inversiones e iniciativas estratégicas de impacto económico y social.

Fruto de aquellas reflexiones, desde el círculo de confianza surgieron cinco iniciativas:

✔ Plan de normalización lingüística, promoviendo la presencia de la compañía en el entorno de internet en catalán (.cat) con contenidos en catalán y favoreciendo la distribución ágil y temprana de interfases en catalán de los principales productos.
✔ Colaboración con centros de investigación clave en el país.
✔ Impulso de centros de innovación para mejorar la productividad de las empresas.
✔ Plan de crecimiento del negocio y del equipo de la oficina de Barcelona y del ecosistema de *partners*.

✔ Colaboración con entidades del tercer sector para promover la inclusión digital y mejorar las competencias digitales de la ciudadanía.

Para llevar a cabo la primera iniciativa de normalización lingüística, realizamos un profundo análisis de la presencia de la lengua catalana en los sistemas de información y contenidos en redes. A partir de ahí, se llevó a cabo una labor de sensibilización en los diferentes equipos de producto de Microsoft Corporación, ya que cada uno de ellos tenía sus propias prioridades y hojas de ruta en cuanto a los idiomas de las interfases.

La situación inicial era que las interfases en catalán (las librerías o "LIPs", como las denominábamos en aquel momento) estaban disponibles, en muchos casos, entre dos y cuatro meses después del lanzamiento de los productos en inglés y en castellano.

Observamos que el catalán se encontraba entre las 25 lenguas más utilizadas en contenidos en internet, y que contaba con una cantidad igual o superior de hablantes (más de 7 millones en todo el mundo) en comparación con el sueco y el finlandés, que son lenguas consideradas como prioritarias.

Visitando a los responsables de los diferentes equipos de producto en la corporación (Windows, Office, Dynamics, MSN, etc.) conseguimos a los pocos meses que el catalán se posicionará como una lengua relevante y que la disponibilidad de la interfase fuera mucho más cercana o incluso coincidente en el lanzamiento de los futuros productos. Este cambio se debió al número de hablantes y al impacto que tenía en el negocio de la compañía.

Incluso logramos que algunos fabricantes de ordenadores portátiles incluyeran las librerías de las interfaces en catalán de forma preinstalada en sus equipos durante el lanzamiento de Windows 7.

Todo lo logrado con el catalán también nos ayudó a impulsar las otras lenguas cooficiales en España, como el gallego y el euskera. De esta manera, recibimos reconocimiento en muchos otros territorios del país por parte de altos cargos de los gobiernos autonómicos encargados de la normalización lingüística, gracias a nuestra labor de respetar la diversidad de lenguas y promover la libertad de elección en sistemas y equipos digitales.

El siguiente movimiento en la iniciativa de normalización lingüística fue el **lanzamiento de una web en catalán en el dominio .cat**, que posicionó a Microsoft como una de las primeras corporaciones tecnológicas con presencia en el entorno .cat con contenidos en catalán. Esta acción hizo que el gobierno autonómico de Catalunya en aquel momento, cuyo secretario general era Jordi Bosch, nos seleccionase como referentes en su campaña internacional "catalan language a business opportunity". De este modo se mostró a todas las empresas tecnológicas la importancia de la lengua catalana como oportunidad de negocio y no solo como responsabilidad social corporativa, en referencia a la apuesta que empresas como Samsung y Microsoft estábamos haciendo en ese campo.

Hoy en día, todavía veo debate en el mundo político sobre las lenguas. Mi visión es muy pragmática y considero, apreciado lector, que es bueno dominar más idiomas. La clave es dar libertad de elección a la población, mostrando respeto por todas las lenguas y ofreciendo flexibilidad a los ciudadanos para escoger el idioma de la interfase con el que se sientan más cómodos en cada momento, pudiendo cambiarlo cuando lo deseen. Esa es y ha sido para mí la prioridad, favorecer un contexto con libertad de elección.

Esa apuesta por la lengua hizo que el gobierno autonómico cambiase totalmente su actitud y que propiciara una mayor aproximación y mejores relaciones con Microsoft.

En paralelo, invertimos en la realización de análisis profundos para evaluar los costes de licencias, formación y mantenimiento, tanto de nuestros productos, como de otros de *software* libre. Partíamos de la evidencia de que, aunque el *software* libre era gratuito, sus costes de mantenimiento y formación hacían que el coste global de una alternativa a Microsoft en las áreas de colaboración y productividad fuera muy superior. Esos análisis los realizamos a fondo en el Ayuntamiento de Barcelona, y la máxima responsable de sistemas de información y la CIO en aquel momento, Pilar Conesa, manifestó públicamente la apuesta del Ayuntamiento por tecnologías Microsoft, tras haber evidenciado que las alternativas de *software* libre eran más caras. Recuerdo que fue un hito muy relevante para todo nuestro equipo en aquella etapa.

La siguiente apuesta que hicimos estaba enfocada a **potenciar la colaboración con las universidades y centros de investigación**. En este campo, encontramos una joya de la corona: el Barcelona Super Computing Center liderado por el profesor Mateo Valero, uno de los diez mejores arquitectos de computadores del mundo. Este centro alberga el superordenador Mare Nostrum en una capilla.

Los equipos de Microsoft Research identificaron rápidamente la oportunidad de promover una investigación colaborativa con el BSC (Centro Nacional de Supercomputación). Logramos formalizar un acuerdo con una aportación de 2 millones de dólares por parte de la corporación y crear un equipo de cerca de 25 investigadores para trabajar en varios proyectos de diseño de arquitectura de computadores y *software* para dispositivos móviles y ordenadores del futuro.

Hoy en día, el BSC es uno de los principales centros de investigación europeos en el diseño de futuros microprocesadores, con una plantilla de más de 700 investigadores. Uno de los directivos de Microsoft que brindó un gran apoyo durante el convenio de colaboración, Fabrizio Gagliardi, forma actualmente parte del equipo del BSC.

La tercera iniciativa que llevamos a cabo fue **promover un centro de innovación**. Junto al gobierno de la Generalitat de Catalunya se decidió poner el foco en la productividad y en ayudar a las pymes, un escenario en el que teníamos y tenemos un gran reto. Tras analizar posibles ubicaciones se decidió llevar a cabo el centro de innovación en Manresa (Barcelona), una sólida apuesta que contó con la gran complicidad de cuatro agentes del territorio: el Ayuntamiento, la Caja de Ahorros, la Cámara de Comercio y la Universidad de Manresa. Los cuatro, junto con la Generalitat de Catalunya y Microsoft, se incorporaron al proyecto e hicieron aportaciones para la creación e impulso del **Centro Microsoft de Innovación en Productividad, llamado MIC Productivity: Microsoft Innovation Center Productivity**.

En el centro dispusimos de las primeras unidades de dispositivos tan innovadores como la mesa Surface para compartir contenidos o la Kinect para detectar movimientos e interactuar. Asimismo, generamos demostraciones y sesiones de trabajo muy inspiradoras sobre cómo mejorar la forma de trabajo de cara al futuro para aumentar así la productividad de las organizaciones.

Compañeros de Microsoft con gran talento apostaron por el MIC. Entre ellos, Albert Esplugas, actual responsable de estrategia de competencia de Amazon a nivel internacional, que fue uno de sus primeros directores e hizo una labor excepcional. También Xavier Llobera, actualmente responsable del área de producto de impresión 3D a nivel internacional en HP, que lo siguió e hizo también una excelente contribución.

Hoy en día, Xavier, con quien tuve la oportunidad de trabajar en Tempos 21 y Microsoft, es parte de nuestro equipo de consultores en Grau Innovation Consulting para formación.

Por el centro pasaron anualmente cientos de profesionales y directivos que, gracias a la formación y acompañamiento, desplegaron de forma más efectiva herramientas colaborativas, mejorando así la productividad de sus organizaciones.

Lo que en su día fue un centro de innovación, hoy en día es una empresa que conserva su nombre como MICProductivity y se dedica a proporcionar formación y asesoramiento a organizaciones con el objetivo de optimizar el uso de herramientas colaborativas y maximizar su productividad.

Todas estas iniciativas acompañaron un plan de crecimiento en equipo, negocio, *partners* y una presencia en Catalunya que permitió alcanzar grandes resultados:

✔ Triplicar el negocio en grandes cuentas, pasando de 26 millones a más de 80 millones de dólares en cuatro años.

✔ Doblar en ese periodo la plantilla inicial, formada por unos 40 profesionales.

✔ Mejorar de forma muy significativa la presencia de la compañía en los agentes clave del territorio (Foment, Cámara, Círculo de Economía, FEMCat, etc.) y en los medios de comunicación (con el consecuente *"clipping* positivo").

✔ Reducir los índices de piratería que había inicialmente.

✔ Atraer, retener y desarrollar un extraordinario talento gracias al clima generado.

Por último, el quinto pilar de la estrategia se focalizó en generar iniciativas de impacto social en el marco de la inclusión digital y la colaboración con el tercer sector como líneas de trabajo.

En esta área, la colaboración con Fundesplai, de la que actualmente soy patrono, y de la que hemos hablado en el capítulo 8 de los ODS (impulsando las Aulas Conecta y promoviendo que una gran parte de la plantilla colaborásemos como voluntarios), fue una línea de trabajo de gran impacto, no sólo en Catalunya, sino que se extendió por toda España.

En un periodo de poco más de cuatro años, como resultado de la colaboración con Fundesplai, se impartió formación en competencias digitales básicas a más de 200.000 personas. Esta iniciativa no solo contribuyó a mejorar su calidad de vida y facilitar la comunicación con sus seres queridos, sino que también ayudó a algunos de ellos a fortalecer sus habilidades y prepararse para acceder a empleos de mayor calidad y oportunidades laborales.

Gracias a la colaboración con Fundesplai, observamos cómo más del 80% de personas que se formaban y certificaban en el uso de Office conseguían trabajo antes de tres meses. Fue un acelerador de inclusión, pero también de oportunidades laborales para todos aquellos que deseaban progresar profesionalmente. Sin duda representó un legado relevante.

11.

Innovando, impulsando un legado económico y social aprovechando grandes eventos internacionales

Lo consiguieron porque no sabían que era imposible.
Jean Cocteau.

Los grandes eventos internacionales, tales como las Olimpiadas, exposiciones o congresos, constituyen magníficas oportunidades para revitalizar, impulsar y remodelar las regiones, tanto desde una perspectiva económica como social. No obstante, las ventajas derivadas de estos acontecimientos de envergadura no siempre se explotan de manera eficiente.

Es cierto que muchos de nosotros recordamos con claridad la imagen de edificios e infraestructuras que permanecen en desuso o con un aprovechamiento mínimo durante largos periodos después de eventos como una Exposición Mundial o una Copa América. Estos lugares a menudo se convierten en "áreas fantasmas" que perduran en algunas ciudades.

Para aprovechar bien estas oportunidades que conllevan los grandes eventos hace falta diseñar una buena estrategia y una hoja de ruta que marque el trabajo a realizar antes, durante y tras el evento, solo así es posible dejar un legado y una actividad que sean perdurables. Muchas organizaciones se centran en el durante y no trabajan suficiente el antes para que el después maximice la oportunidad.

Una de las claves en muchos casos es priorizar en qué sector, tecnología o contenido queremos destacar para ser relevantes y dejar un legado a nivel internacional para vincularlo en todo lo posible con el evento. Los territorios que destacan en el mundo como ecosistemas o *hubs* de innovación lo hacen habiendo apostado con éxito por un sector vertical, un campo de aplicaciones específico o ciertas tecnologías.

En ese contexto, Boston es reconocido como referente en tecnologías de la salud; Londres en tecnologías aplicadas al sector financiero, las conocidas como *FinTech*; Israel por su liderazgo en ciberseguridad y Shenzhen en China, por su relevancia en sensores y dispositivos para entornos de la internet de las cosas.

No se puede ser relevante sin una apuesta clara por asumir un cierto liderazgo y ser destacado en una disciplina, tecnología, sector, aplicación o contenido. Apostar por la multitud solo hará que acabemos siendo irrelevantes.

Una vez seleccionada la apuesta tecnológica, sectorial o de relato diferencial del territorio es fundamental desarrollar un ecosistema y colaboraciones entre los diferentes agentes para generar una aceleración de innovación en ese campo.

Las universidades, centros de investigación, empresas tecnológicas, empresas tractoras de diferentes sectores, emprendedores, inversores y otros agentes, juegan un papel fundamental para conseguir la complicidad necesaria, crear ese relato y alcanzar una masa crítica relevante.

En el diseño de una hoja de ruta exitosa para transformar un territorio aprovechando eventos internacionales, destaco, querido lector, dos factores como los más cruciales: **la inversión en investigación, desarrollo e innovación, y la calidad de la educación.**

La calidad de la educación es uno de los factores más relevantes a la hora de analizar la competitividad y la calidad de vida de un territorio. Se trata de algo muy evidente si observamos el ranking mundial de universidades y el índice de competitividad del World Economic Forum (WEF) que muestra cómo la relación entre el índice de las mejores 300 universidades por cada 10 millones de habitantes y el de competitividad es casi lineal. Eso nos lleva a una conclusión: "dime qué calidad de educación hay en tu país o territorio y te diré qué bienestar tienes en el mismo".

Cuando hablamos de calidad de la educación hay que analizar todo el sistema educativo, la educación primaria y secundaria, además de la universitaria, las escuelas de negocio y también las nuevas instituciones de formación (academias de código "Code Academies" en el sector digital, que forman en breves plazos a perfiles como desarrolladores, analistas de datos y otras posiciones).

Lo mismo ocurre con la inversión en investigación, desarrollo e innovación (I+D+i). A mayor inversión en investigación, se fortalece el entorno empresarial, se generan empleos de mayor calidad, se fomenta la riqueza y, en la mayoría de los casos, se mejora el bienestar y la calidad de vida de la comunidad.

La inversión en investigación y desarrollo es clave, pero también es vital favorecer que haya una eficiente transferencia y que los frutos de la investigación no queden solo en publicaciones (*papers*), sino que acaben contribuyendo a crear riqueza, un sólido tejido empresarial e impacto social en la zona. Aquí tan importante como la inversión en investigación pública es la inversión en I+D privada y la promoción de colaboraciones entre los diferentes agentes del ecosistema para que los frutos de la investigación sean lo más efectivos posibles.

Promover grandes centros de I+D alineados con las prioridades y necesidades de las grandes empresas (reconocidas como tractoras) del territorio; promover la creación de *spin-offs* desde esas grandes empresas, es decir, la creación de nuevas empresas y emprendedores partiendo de los resultados de la investigación, son pilares clave de la estrategia para maximizar un legado.

El último elemento clave, el de la inversión, suele materializarse si hay proyectos y equipos de calidad y con potencial. Por lo tanto, antes de dedicar recursos a atraer inversores y capital es importante promover la investigación y desarrollar en especial el talento, el intangible vital para el desarrollo de la actividad económica y social en un territorio de cara al futuro.

Educación e I+D+i marcan sin duda la diferencia, y son a mi entender lo más relevante. Sin embargo, no debemos olvidar otros factores, que, aunque son secundarios, crean también las condiciones de contexto necesarias para que todo suceda: seguridad, calidad de vida, clima, gastronomía, calidad de servicios sanitarios, conexiones internacionales de comunicación. También otros factores en algunos casos más intangibles juegan un papel importante a la hora de definir una hoja de ruta competitiva que nos permita dejar un legado en un territorio gracias a grandes eventos internacionales.

Por último, para que todo esto sea posible, hace falta que la estrategia definida tenga un relato inspirador e ilusionante y que los líderes que la impulsen en el territorio, públicos y privados, promuevan un modelo colaborativo con grandes alianzas y complicidades en el ecosistema. Es sencillo decirlo, pero muy complejo ejecutarlo con éxito, ya que obliga a muchos a dejar el ego de lado.

Los cambios derivados de la política y las elecciones cada cuatro años en muchos territorios impiden, limitan o dificultan las transformaciones para dejar un legado que, en ocasiones, requiere de una o dos décadas de trabajo y siempre, más de una legislatura de cuatro años.

Por eso, me gusta recordar algunos ejemplos, que, aunque sean pequeños en comparación con otras megaciudades de nuestro planeta, son inspiradores. Uno de ellos es el de la ciudad de Málaga que, aun siendo modesta por tamaño y a pesar de que no siempre ha recibido todo el apoyo posible de la administración autonómica y estatal, ha conseguido una estabilidad política en los últimos 18 años, con un generoso y humilde liderazgo de su alcalde y su equipo. En Málaga, ha sido clave contar con la complicidad estrecha de la universidad, de los empresarios que han apoyado un parque tecnológico que hace dos décadas era un sueño, y que hoy en día da empleo de calidad a más de 25.000 profesionales. Sin duda, han sabido crear las condiciones de contexto necesarias para atraer unidades de innovación, investigación y desarrollo, servicios e inversiones de grandes corporaciones tecnológicas, como Google, Oracle o Vodafone entre otras muchas. Se trata de lo que yo llamo entornos de complicidad fértiles para el desarrollo.

El eje de las alianzas, que corresponde al objetivo 17 de los Objetivos de Desarrollo Sostenible de Naciones Unidas, muestra todo su potencial y aceleración en este tipo de entornos, lo que en muchas ocasiones se apunta como el círculo virtuoso de la colaboración público-privada, universidad y empresa, tan necesario para hacer que las iniciativas se aceleren y dejen un legado económico y social que transforme los territorios.

El éxito de los *hubs* de innovación como Silicon Valley solo se explica con la combinación de múltiples factores plasmados perfectamente en una hoja de ruta clara: grandes inversiones en I+D (públicas y privadas); alta calidad de la educación, tanto en sus universidades como en sus escuelas de negocio (Berkley, Stanford, etc.); una cultura que promueve el *networking* de forma profesional y estructurada entre científicos, tecnólogos, empresarios, gestores e inversores para impulsar equipos balanceados en los proyectos; una bolsa como el Nasdaq que ha hecho multimillonarios en tiempos récord, y una cultura que afronta el riesgo y el fracaso como parte de un aprendizaje y de evolución en la vida.

Es fundamental recordar que detrás del éxito de Silicon Valley se encuentran personas con un gran talento que evolucionan, científicos emprendedores que triunfan, llevando a sus empresas a ser adquiridas por grandes corporaciones tecnológicas. Posteriormente, estos emprendedores continúan desarrollándose en estas corporaciones y, con el paso de los años, regresan a centros de investigación para impulsar nuevos ciclos vitales que generan un valioso aporte de innovación y crecimiento.

Evolución y mutación. Dos conceptos que me recuerdan, estimado lector, al personaje de Máximo en la película de *Gladiator*, el general que pasó a ser esclavo, el esclavo que se hizo gladiador y finalmente el gladiador que desafió y cambió el destino de todo un imperio.

Para dejar un buen legado en el futuro en los territorios será necesario romper esas barreras entre los centros de investigación, el ecosistema emprendedor y las grandes compañías. Es esencial favorecer un flujo de talento que contribuya a acelerar la innovación, la transferencia y el crecimiento, y que nos permita mover científicos y profesionales entre los tres entornos con versatilidad, promoviendo proyectos e iniciativas con propósito.

Dejando un legado de la mano de un gran encuentro internacional: el caso de la Fundación Mobile World Capital Barcelona (2017-2022).

Innovar con un propósito orientado a impulsar un legado económico y social a través de la maximización del impacto de grandes eventos internacionales es precisamente lo que llevamos a cabo durante mi mandato en la Fundación Mobile World Capital Barcelona (MWCapital 2017-2022).

Cuando me uní al proyecto en noviembre de 2017, la fundación MWCapital contaba con el programa para emprendedores 4YFN como estrella, que representaba el 80 % de los ingresos privados y al que se dedicaba el 40 % de la plantilla de la fundación. Al llegar, me encontré con el compromiso de transferirlo a GSMA en los meses siguientes y ante el reto de rediseñar con sentido y propósito una gran parte de la fundación.

Y lo logramos.

Hoy, GSMA ha adoptado 4YFN como programa estrella en todos los eventos del Mobile World Congress, conocido como MWC y ha dejado un legado en Barcelona, Catalunya y España, alcanzando cifras récord de asistencia (más de 109.000 asistentes en el año 2019).

4YFN ha jugado un papel clave para contribuir a dar un gran salto en los últimos años en el ecosistema de startups en el territorio. Su mayor logro ha sido conectar startups de nuestro país con inversores y corporaciones internacionales, favoreciendo el inicio y culminación de un gran número de operaciones de inversión y ampliación de capital.

Todo ello, contribuyó en los últimos cinco años a aumentar el número de startups en el área metropolitana de Barcelona pasando de 600 a 1.900, aumentando las rondas de inversión y ampliación de capital, pasando de cerca de 350 millones de euros a más de 1.500 durante este periodo. Como resultado, Barcelona se ha posicionado entre las cuatro principales ciudades europeas en el ecosistema emprendedor, destacando por el volumen de las rondas de inversión y la ampliación de capital.

Durante estos cinco años, 2017-2022, centramos la mayor parte de nuestros esfuerzos de innovación en la fundación en el programa Deep Tech & Tech Transfer Venture Builder "The Collider" —que he mencionado en el capítulo 5 de Inversión y *Corporate Venturing*— que ayuda a transferir a nuestra sociedad la excelencia que tenemos en centros de investigación y tecnología, combinando talento científico y emprendedor.

Junto a científicos y emprendedores creamos en ese periodo 20 startups con gran potencial, incluyendo algunas de las startups más destacadas y premiadas del sur de Europa por entidades y programas como SantanderX, Seedrocket o Emprendedores XXI.

Durante el periodo 2017-2022 nos enfocamos en crear un clima excelente que nos permitiese atraer, desarrollar y retener un talento excepcional. Potenciamos la transparencia, con *Open Meetings* periódicos con toda la plantilla y orquestamos alianzas complejas. Lo hicimos comenzando con el impulso de un círculo de confianza con expertos del ecosistema que nos inspiraron para crear la alianza Barcelona *Digital Talent*, el lanzamiento de un comité de estrategia con ejecutivos de corporaciones privadas (muchas de ellas miembros del patronato).

Nos ayudaron a atraer más de 5 millones de euros de fondos privados en ese periodo y aumentaron la presencia privada, no solo en el aspecto financiero, sino también en la gobernanza de la fundación para mejorar el equilibrio privado-público, aumentando en una ratio x10 los ingresos privados en dicho periodo.

Una de las alianzas más destacadas que impulsamos, Barcelona Digital Talent (BDT) −mencionada en el Capítulo 9 de los ODS−, ha evolucionado para convertirse en uno de los pilares fundamentales de la fundación. Contribuye significativamente a brindar formación a miles de profesionales y a reducir la brecha entre la demanda de talento digital en el ecosistema y la oferta disponible. Sin duda, este es un elemento clave para atraer inversiones y promover *hubs* digitales en el territorio.

La BDT también impulsa la aspiracional alianza Barcelona Inclusive Coding con el objetivo de proporcionar formación y empleo en los próximos 10 años a más de 10.000 personas del tercer sector que sufren dificultades económicas y necesitan oportunidades de formación y empleo.

Grandes corporaciones como Pepsico, Bayer y Schneider, entre otras, decidieron lanzar sus centros digitales globales en Barcelona al ver un sólido plan de talento digital en el área metropolitana, en cuyo desarrollo está jugando un papel instrumental esta gran alianza.

Con el apoyo del patronato, se crearon dos programas muy importantes que no existían en 2017: Intelligent Connectivity y Digital Future Society.

Intelligent Connectivity, el pilar tecnológico de la fundación, permitió impulsar alianzas como 5GBarcelona y el Observatorio Nacional de 5G, promoviendo casos de uso y proyectos piloto que han posicionado a Barcelona y nuestro país como laboratorio internacional de experiencias innovadoras con servicios de telecomunicaciones 5G.

Digital Future Society (DFS), que forma parte de las iniciativas clave de la Agenda Digital de España 2025, es un programa internacional global que impulsa alianzas con más de 150 entidades y organizaciones de todo el mundo, tanto públicas como privadas. Su objetivo es promover un uso más ético, sostenible e inclusivo de la tecnología en nuestro planeta para mejorar la vida de las personas. El programa Mobile Week, incluido en Digital Future Society, es el motor de inclusión digital de DFS, y ha contribuido a proporcionar formación gratuita, ayudando a desarrollar habilidades digitales a decenas de miles de ciudadanos en España en el año 2021.

El enfoque prioritario en las personas y el talento contribuyó también a mejorar el ambiente en la fundación, posicionando la organización entre las clasificaciones más destacadas de los mejores lugares para trabajar. Se promovió un equipo de liderazgo sólido, con un uso interno eficaz de la tecnología que contribuye a la mejora de la productividad, y una cultura orientada a impactar en indicadores económicos y sociales para maximizar el legado de la capitalidad internacional de las tecnologías móviles.

Todas estas iniciativas contribuyeron a generar buenas condiciones de contexto y un marco de confianza que favoreció la renovación del acuerdo con GSMA en junio del

2022. De este modo se permitió extender el compromiso de la GSMA con la realización del evento anual del MWC en Barcelona hasta 2030, y más allá con renovaciones tácitas anuales, reforzando y consolidando la posición de Barcelona como capital mundial de las tecnologías móviles.

Los grandes eventos internacionales, como los Juegos Olímpicos, una Expo o un evento como el MWC, conllevan excelentes oportunidades para rediseñar la estrategia de territorios y dejar un legado económico y social, más allá del impacto de los días o meses que dura el evento o el acontecimiento. Barcelona ha sabido aprovecharlo y otras ciudades internacionales están estudiando cómo implementar estas buenas prácticas.

Toda esa experiencia, dejando un legado económico y social en Barcelona, transformando positivamente la ciudad, aprovechando la capitalidad internacional de las tecnologías móviles gracias al MWC, me ha ayudado a contribuir después, desde su consejo asesor, a la consultora estratégica Metyis, liderada en España por José Antonio Bueno, en el diseño de la candidatura de la ciudad de Riad para la Expo2030.

Durante cerca de año y medio hemos trabajado intensamente en el diseño de varios capítulos del "BID Book" (el libro que detalla las iniciativas del proyecto), y en especial he tenido la oportunidad de contribuir a fondo en los capítulos del "Day After & Day Before Plans", focalizados en el legado de la Expo, trabajando estrechamente con Juan Manuel Zanón y excelentes profesionales del equipo de Metyis.

Una candidatura que el pasado 28 de Noviembre del 2023 ganó la votación en la 173ª Asamblea General del BIE, confirmando que la Expo2030 se celebrará finalmente en Riad.

Riad tiene, así, una oportunidad excepcional de transformación que se acelerará con la Expo 2030. Una población joven con altas competencias digitales, un ecosistema dinámico con proyectos sorprendentes, como Neom, caso de éxito mundial de ciudad inteligente, y grandes empresas líderes, como Aramco.

Riad tiene todas las condiciones para llevar a cabo una gran transformación, dentro de la Visión Saudí 2030 totalmente alineada con los Objetivos de Desarrollo Sostenible.

Una transformación que impulsará una mayor inversión en investigación y desarrollo; acelerando también la transferencia de ciencia y tecnología para aumentar la generación de nuevas empresas. Además proporcionará oportunidades de formación en competencias digitales a toda la ciudadanía, sin dejar a nadie atrás. Y promoverá una fuerte colaboración entre todos los grupos de interés, públicos y privados, gobierno, universidades, grandes corporaciones, startups, inversores y en general toda la sociedad.

Estoy plenamente convencido de que todos ellos son conscientes de que la ciencia y la tecnología, con un enfoque humanista que ponga a las personas en el centro, será un pilar clave para convertir a Riad en un referente mundial para una sociedad mejor.

Este evento brindará oportunidades increíbles a todos los países que asistan, generando un "gran impulso" para el ecosistema en torno a la Expo, brindando intercambio de conocimientos y oportunidades de negocios entre las diferentes partes (altos cargos gubernamentales, ejecutivos de corporaciones, científicos, inversores, startups y la sociedad civil).

Todos ellos podrán aprovechar este evento para impulsar nuevas iniciativas alineadas con los Objetivos de Desarrollo Sostenible, para un mañana mejor.

¡Felicidades Riad!

12.

Innovando con propósito: Inspirando iniciativas con Salesforce en Catalunya (2021-2023)

No podemos elegir entre el crecimiento económico y la sostenibilidad, debemos tener ambos.
Paul Polman.

Siempre me han inspirado las compañías con propósito que dedican parte de sus recursos y esfuerzos a llevar a cabo iniciativas de impacto social, porque sé que es el camino correcto para crecer.

Entre ellas, siento una profunda admiración por la multinacional tecnológica Salesforce –liderada en Iberia por Enrique Polo–, una empresa que a lo largo de su trayectoria ha demostrado un gran compromiso con la sociedad y el planeta. Y es que tengo que decir, apreciado lector, que hay varias cosas que hacen que esta compañía sea única. Una de ellas es su juventud; con tan solo 25 años ya nació con un diseño orientado a la computación en la nube, con lo que se ha podido democratizar el *software.*

Porque al final la computación en la nube, no nos olvidemos, lo que permite es que a través de la red se democratice y llegue tecnología de manera muy simple a particulares y a PYMEs. Es por eso que es una compañía que ya ha nacido en el mundo de la nube y que, por diseño, en lugar de crear una fundación, como han hecho otras, ha puesto el foco en la sostenibilidad y en el impacto social desde el minuto uno.

Estimado lector, Salesforce me sorprendió durante la etapa en la que estuve organizando distintos viajes exploratorios con mi equipo de StepOne Ventures a Silicon Valley para corporaciones. Recuerdo cómo de la mano de Mildred Laya Azuaje, responsable de relaciones institucionales de Salesforce, tuve ocasión de conocer a fondo la compañía en varias ocasiones, muy especialmente en el viaje que realizamos en 2016 junto al equipo de dirección de Cuatrecasas.

Su modelo "1-1-1" en el que dedican un 1 % de sus beneficios a fundaciones y acciones de impacto social y sostenibilidad, un 1 % del tiempo de sus empleados a labores de voluntariado, y un 1 % de sus recursos a dotar de tecnología a organizaciones sin ánimo de lucro, me pareció, sencillamente, admirable.

Como sabrás, apreciado lector, he tenido la oportunidad de trabajar con muchas empresas, incluyendo Microsoft. Aunque la Fundación Bill and Melinda Gates ha realizado un trabajo espectacular, es una entidad separada de Microsoft. En cambio, Salesforce ha incorporado su compromiso social directamente en el núcleo de su actividad empresarial.

Años después de mi viaje a Silicon Valley para visitar Salesforce, en 2021, uno de sus vicepresidentes, Pau Contreras, con el que tuve ocasión de colaborar estrechamente en los 90 en la etapa de Sun Microsystems, me animó a incorporarme a su consejo asesor en España. Mi misión era ayudarlos en su estrategia y posicionamiento en

Catalunya, sin dejar de colaborar puntualmente en iniciativas en todo el país.

Durante estos últimos años, ha sido un placer y un orgullo para mí poder ayudarlos a diseñar, impulsar y desplegar una estrategia para Catalunya que, en el 2023, tuvo un hito relevante que se materializa con la apertura de una nueva sede que cuenta con más de 100 profesionales de 15 nacionalidades y un clima vibrante y excepcional.

El liderazgo de Salesforce en tecnologías en la nube y en relaciones 360º con clientes es destacado, igual que su impacto económico y de mejora de productividad y competitividad en las empresas.

Según el analista IDC, entre el periodo 2022-2028, el ecosistema Salesforce generará una gran actividad económica que, extrapolada al territorio del mercado en Catalunya, supondrá más de 30.000 nuevos puestos de trabajo (entre empleados, partners y puestos generados en clientes y en el ecosistema) y más de 6.000 millones de euros de actividad económica.

Pero más allá del liderazgo tecnológico y el impacto económico, he podido participar en el diseño e impulso de iniciativas para Salesforce en Catalunya en colaboración con agentes clave del ecosistema en tres líneas de impacto: sostenibilidad, talento digital y talento femenino para el sector tecnológico.

La compañía, liderada por Marc Benioff, que es referente en huella de carbono neutro, colabora con la iniciativa internacional *One Billion Trees* a nivel global, un proyecto que tiene el objetivo de plantar mil millones de árboles en todo el mundo. Personalmente, creo que el liderazgo de Marc, que ha sido de los primeros líderes mundiales en el Foro de Davos, es único en la industria. Algo que se transmite en los valores, que comentaba unas líneas más arriba, del modelo

"1-1-1", implicando a la plantilla y a todo el mundo en un movimiento transversal.

Y eso hace única a la compañía. Aparte del liderazgo tecnológico de Salesforce, que es indudable en el mundo de las relaciones con clientes, ese compromiso por el diseño en temas de impacto es espectacular.

Estos valores han calado en sus profesionales. He podido ver en ellos claramente la cultura de esta empresa; lo que ellos suelen llamar los "trailblazers", que básicamente son aquellos profesionales dentro de Salesforce o de sus ecosistemas que viven y sienten esos valores y esa cultura de la compañía.

Profesionales que son agentes transformadores, que al final, evidentemente, utilizan la tecnología, pero que utilizan la tecnología con el propósito de transformar las organizaciones.

Es admirable ver esa implicación en la gente, la pasión y energía con las que trabajan, bajo unos principios de responsabilidad.

En esa línea de actuación, en Catalunya nos hemos comprometido a colaborar estrechamente con la organización *Plant-for-the-Planet*, que preside en España nuestro buen amigo Josep Santacreu, para contribuir en la reforestación de áreas naturales arrasadas por los incendios.

Empleados voluntarios de Salesforce participan tanto en actividades de plantación como en iniciativas de concienciación y formación a jóvenes y niños, con el objetivo de acercarnos a un mundo con menos emisiones netas de carbono.

En el área de talento digital, Salesforce se ha incorporado como partner a la gran alianza Barcelona Digital Talent, liderada por la Fundación Mobile World Capital, con el objeto de contribuir a reducir la diferencia entre la demanda de talento digital en el ecosistema catalán y la oferta de los centros de formación (universidades, centros de formación profesional y academias de código).

Las tecnologías de relación con clientes (CRM) se encuentran entre las cinco principales con mayor demanda y generación de puestos de trabajo en el sector digital y, particularmente, en Barcelona. Según los datos del informe, el empleo para consultores ERP & CRM creció un 32 % en 2022, situando a este perfil como el tercero más demandado.

Con el propósito de impulsar la formación y reducir la brecha entre demanda y oferta de profesionales, Salesforce, de la mano de Cloud Coachers, partner oficial de formación profesional de Salesforce, ayudará a certificar cientos de profesionales, impulsando sus oportunidades de empleabilidad y crecimiento profesional.

Finalmente, para fomentar el desarrollo del talento femenino en el sector tecnológico en Catalunya, Salesforce ha formalizado una colaboración con "el capítulo de Women in Tech Barcelona". En este capítulo, directivas y voluntarias de Salesforce participarán en eventos para fomentar el liderazgo femenino en las organizaciones. Se impartirán sesiones de orientación en colegios con el objetivo de animar a niñas y jóvenes a formarse en competencias y habilidades en ciencia, tecnología, ingeniería y matemáticas (STEM).

Para ver la importancia de este punto, decirte, querido lector, que en el Mobile World Congress no conseguíamos superar la ratio del 23-25% de mujeres que se sintieran atraídas por la tecnología. Tenemos por delante un reto de atracción de talento femenino, de manera que buscamos que Salesforce dé un paso firme en Catalunya, no solo con una oficina comercial y con objetivos económicos, sino con objetivos de impacto y propósito.

Por eso, ha sido muy importante poder ayudarlos, desde el consejo asesor, a diseñar esa estrategia, que va muy alineada con el ADN de la compañía, pero que debíamos conectar con los agentes del territorio, como pasa en cada ciclo. Y eso hay que hacerlo con y de la mano de personas y de organizaciones clave en el entorno local de cada sitio.

La importancia de tener un propósito

Estimado lector, es fundamental extraer conclusiones de cualquier proyecto empresarial.

La primera lección que debemos destacar es que, en la era en la que vivimos, es esencial que nuestros proyectos tengan un propósito. Si deseamos atraer talento y empleados de calidad, generar una fuerte conexión con nuestro entorno, clientes y proveedores, debemos entender que no alcanzaremos estos objetivos si nuestro proyecto carece de un propósito claro.

Si nuestra empresa se limita a ser puramente comercial, centrada exclusivamente en metas financieras y no es capaz de trascender ese enfoque, nos será difícil competir. Para ser competitivos, necesitaremos atraer y retener talento de alta calidad, y estos profesionales no se sentirán atraídos por proyectos que carecen de un propósito que encienda su pasión.

Querido lector, permíteme compartir una experiencia reciente que ejemplifica a la perfección lo que significa el propósito en una organización, más allá de lo que estoy compartiendo acerca de Salesforce. Durante mi tiempo en la Fundación Mobile World Capital (MWC), en medio de la pandemia de la COVID-19, nuestras acciones marcaron una diferencia significativa en la vida de muchas personas, lo que motivó un alto grado de implicación por parte de los empleados.

Creo firmemente que, en general, dotar de propósito a una empresa puede aumentar su productividad en un 20%. La razón es simple: cuando las personas sienten una fuerte conexión con el propósito de su trabajo, están dispuestas a dedicar más tiempo y esfuerzo debido a la pasión que sienten. Además, este enfoque ayuda a reducir de manera significativa la rotación de personal. Personalmente, logré reducir la rotación en la MWC; cuando ingresé a la organización, el índice de rotación estaba en ratios del 30%, y lo reduje a menos del 8%.

La ética en los diseños de IA generativa

Después de este breve interludio sobre el propósito, quiero enfatizar que Salesforce es una empresa que pone un gran énfasis en la confianza como elemento fundamental en la relación con los clientes. Han sido pioneros en la creación de principios éticos en el diseño de sus productos, con el objetivo de respetar los derechos humanos y anticipar sesgos y usos inapropiados que puedan surgir. Han dotado a su tecnología de ética en el diseño y herramientas que permiten prever situaciones en las cuales la tecnología, aunque no intencionadamente, pueda tener efectos negativos.

Puedo decir que he tenido la oportunidad de presenciar de cerca lo que se avecina en las próximas décadas en cuanto a la Inteligencia Artificial generativa, un cambio disruptivo que afectará no solo a la industria, sino a toda la sociedad. Está por llegar una combinación de tecnologías que, combinadas, acelerarán exponencialmente las capacidades del ser humano. Se habla de los "humanos aumentados", aunque yo suelo llamarlos "humanos con superpoderes" porque me recuerdan a los superhéroes de las películas.

Y es que hoy en día, en un contexto en el que la Inteligencia Artificial ya está presentándonos grandes oportunidades y retos, me parece admirable el esfuerzo que Salesforce lleva a cabo en las prácticas de IA centradas en las personas, impulsando modelos de ética por diseño en sus productos con foco en:

1) El respeto de los derechos humanos.

2) Realización de evaluaciones de sesgo, para mitigarlos, evitando contenido dañino.

3) Protección de la privacidad, respaldando evaluaciones de seguridad para identificar vulnerabilidades.

4) Implementación de indicadores en el contenido creado por la Inteligencia Artificial (para identificar y diferenciar claramente lo que ha sido producido por la Inteligencia Artificial y no humanos).

5) El desarrollo de un análisis de la procedencia de datos que sea más robusta (pues la Inteligencia Artificial es tan buena como los datos con los que se entrena, y si entrenamos con datos que contienen sesgos nos dará como resultado herramientas que propagan sesgos).

Me parecen admirables esos esfuerzos y, en especial, el hecho de contar con herramientas como las de escaneo de consecuencias, que ayudan a anticipar resultados potencialmente no deseados de nuevas funciones, reduciendo riesgos y maximizando el impacto positivo de las nuevas tecnologías. Cuando hablamos del escaneo de consecuencias, lo que tenemos son herramientas que nos permiten visualizar y anticipar usos de datos y de determinados algoritmos de Inteligencia Artificial generativa para ver qué resultados generan y anticipar que no se produzcan sesgos, malas prácticas, ni efectos que puedan producir una discriminación. Ya se sabe, "más vale prevenir que curar".

La Inteligencia Artificial es una de las mayores revoluciones tecnológicas de nuestra época y compañías como Salesforce, que establecen principios de confianza y directrices para una Inteligencia Artificial generativa responsable, nos inspiran a todos a utilizar estas herramientas de manera más ética y efectiva. La clave siempre es poner a las personas en el centro, minimizando los usos indebidos y creando un entorno en el que estas tecnologías mejoren la vida de las personas.

Como puedes ver, querido lector, la tecnología avanza constantemente, y es esencial que esté respaldada por valores morales y éticos. Por ejemplo, una transformación significativa que está surgiendo es la del *LowCode*. Esta tecnología se refiere a herramientas de diseño que permiten a personas con formación básica, sin conocimientos de programación, desarrollar programas que automatizan y que mejoran procesos empresariales al mover determinadas cajas funcionales de manera gráfica.

Ese cambio hará que en los próximos tres o cuatro años haya más programadores en el planeta, ciudadanos de a pie, lo que se conoce como *citizen developers*, desarrolladores que no son programadores de *software*, pero a quienes se habrá dotado de capacidades para convertirse en desarrolladores de *software* gracias al *LowCode*.

En lo que se refiere a la Inteligencia Artificial generativa que comentaba unas líneas más arriba, en el caso de Salesforce con las herramientas de Einstein y Copilot, a través de *LowCode* de bajo desarrollo, se podrá programar y automatizar cualquier tipo de proceso. Por ejemplo, en un centro de atención al cliente, donde los clientes llaman por incidencias o porque quieren clarificaciones sobre el producto. Así que si se tiene una buena base de datos de la tipología de los incidentes más habituales se podrá automatizar a través de cualquier canal ya sea voz o texto.

Un desarrollo interesante relacionado con esta tecnología y que está disrumpiendo últimamente es el uso de canales simples como WhatsApp para convertir la voz de clientes, empleados o partners en texto, que luego se convierte en instrucciones para que los sistemas automatizados realicen acciones o respuestas. Esto ofrece una inmediatez impresionante en comparación con los formularios web tradicionales y revolucionará la atención al cliente y la conversión de oportunidades *online*.

En el mundo de la Inteligencia Artificial generativa y la interacción con los clientes, estas tecnologías como Einstein o Copilot, combinadas con el *LowCode*, cambiarán significativamente la forma en que nos relacionamos con las empresas y las organizaciones. Estamos viendo avances que permiten anticipar, personalizar y gestionar las relaciones digitales de manera más eficiente, poniendo a las personas en el centro de este cambio.

Como ves, apreciado lector, el futuro tecnológico es emocionante y la ética y los valores morales seguirán siendo fundamentales mientras avanzamos hacia esta nueva era.

Redefiniendo el efecto "Wow"

Puedo asegurarte, querido lector, que considero que este cambio en la forma en que tratamos la tecnología es de suma importancia. Con más de 40 años en la industria tecnológica, he visto cómo la pasión de los líderes tecnológicos siempre ha estado enfocada en generar un efecto "Wow" en los clientes.

Por ejemplo, cuando Apple lanzó el primer iPhone, buscaba ese efecto "Wow". Durante mi tiempo en Sun Microsystems, con Java y el auge de internet, se logró el efecto "Wow". En Microsoft, cuando se lanzó el primer escáner de movimiento con Kinect para Xbox o los primeros sistemas táctiles con Surface, nuevamente, se perseguía el efecto "Wow". Estos ejemplos resaltan que, en ese entonces, la atención se centraba en la pasión por la tecnología y en crear cosas asombrosas y sorprendentes, sin prestar tanta atención a la ética o al impacto social detrás de esos productos.

Aunque las empresas tecnológicas siguen buscando ese efecto sorprendente o "Wow" en el cliente, puedo asegurarte que Salesforce es una de las empresas líderes en anticipar y promover el uso ético de las nuevas tecnologías. Es una empresa que establece estándares.

La tecnología, como hemos visto durante la pandemia, ha acelerado la productividad a través de herramientas de videoconferencia, pero también ha acelerado de manera proporcional los ciberataques y el uso indebido de la tecnología.

En el sector tecnológico, nos hemos enfocado tanto en lograr un impacto impresionante y generar el efecto "Wow" que rara vez nos hemos detenido a anticiparnos y considerar si esta tecnología pudiera ser utilizada de manera inapropiada.

Por eso, hoy en día, antes de lanzar una nueva tecnología, debemos seguir buscando el efecto "Wow", pero también debemos asegurarnos de que esa tecnología se diseñe éticamente y se utilice de manera adecuada para prevenir su uso fraudulento.

Sobre todo, la tecnología debe estar destinada a ayudar a las personas. Debe sorprender, sí, debe ayudar, sí, debe otorgarnos capacidades mejoradas como explicaba anteriormente, pero siempre con una base de principios éticos y una consideración cuidadosa de posibles malos usos y prácticas indebidas para garantizar un uso correcto de la tecnología. Este es el nuevo "Wow" que debemos buscar.

La gran diferencia entre las empresas radica en la confianza que inspiran. Las personas confiarán en las tecnologías y en los proveedores tecnológicos que incorporen principios éticos en el diseño y anticipen los posibles usos indebidos. Es por eso, apreciado lector, que debemos buscar un nuevo "Wow", uno que esté impulsado por la ética, la sostenibilidad, el humanismo y tenga un sentido de propósito.

Hasta ahora, el "Wow" se asociaba principalmente con tecnología avanzada, innovación o resultados económicos excepcionales. Era el "Wow" del antiguo paradigma o el "Wow" en blanco y negro: se centraba en ganancias financieras o tecnología de vanguardia.

Afortunadamente, nos dirigimos hacia el "Wow" del nuevo paradigma o el "Wow" en color: centrado en el humanismo, la sostenibilidad, el propósito, el sentido, la ética y la responsabilidad. Y es que este nuevo paradigma del "Wow" también conlleva la responsabilidad de las consecuencias que nuestras acciones puedan tener en el futuro, ya sea a corto o largo plazo.

13.

Impulsando la innovación desde consejos de administración y consejos asesores

Yo hago lo que usted no puede, y usted hace lo que yo no puedo. Juntos podemos hacer grandes cosas.
Madre Teresa de Calcuta.

El entorno del mercado actual se caracteriza por ser cada vez más complejo desde una perspectiva económica, tecnológica y de tendencias. Además, es un entorno globalizado, lo que significa que los eventos y sucesos de otros países y regiones también tienen un impacto en nuestro entorno. Es necesario destacar la aceleración de los cambios y la disrupción, lo que significa que los cambios se están produciendo a un ritmo más rápido.

Los tres factores de cambio en el mercado son:

- La complejidad
- La globalidad
- La velocidad

Estos tres factores de cambio están generando mayores desafíos y dificultades para las empresas a la hora de cumplir con sus objetivos en este entorno en constante evolución. La adaptación y la capacidad de respuesta se han vuelto esenciales en un mercado tan dinámico y desafiante.

Es posible que te estés preguntando, querido lector, cuál es la tendencia actual para abordar y gestionar de manera efectiva estas incertidumbres. Una de las tendencias clave es la mejora de la gobernanza de las empresas. La gobernanza de las empresas no se limita únicamente al comité de dirección, que se encarga de la gestión diaria, o a los consejos de administración. Cada vez más, los consejos asesores están ganando relevancia en este contexto.

Sabemos que, en el mundo de la empresa familiar y en las empresas medianas y grandes, es clave rodearse de un buen consejo de administración y de un buen consejo asesor para superar los retos a los que nos enfrentamos.

Un consejo asesor experto nos puede permitir, entre otras muchas cosas, mejorar la estrategia comercial de la compañía, explorar nuevas alianzas, impulsar un adecuado plan de sistemas y promover nuevas iniciativas de innovación abierta, que nos ayuden a generar ingresos incrementales y reducir los costes de I+D+i.

El consejo asesor de una empresa debe estar formado por profesionales con amplia trayectoria que, desde una perspectiva externa, aporten experiencia y logros en posiciones ejecutivas, ideas, innovación y una visión estratégica, que complementen y aporten valor a las que se generan dentro de la propia compañía. Es, sin duda, un instrumento de contraste y apoyo al CEO, que en muchas ocasiones está solo/a.

Como mencioné al comienzo de este capítulo, nos encontramos en un contexto caracterizado por una mayor complejidad, globalización y disrupción. Sin embargo, lo que ocurre en muchas organizaciones es que establecen hojas de ruta para el crecimiento y la expansión que, posteriormente, no logran cumplir. De ahí la importancia del consejo asesor.

Por eso, desde esa experiencia y visión estratégica, las empresas pueden realizar reflexiones que impulsen nuevos servicios y productos y que ayuden a cambiar el modelo de negocio de la compañía. El consejo asesor les permite dar un salto en calidad, presencia, satisfacción de los clientes, relevancia y, en muchos casos, generar ingresos incrementales.

Hay múltiples empresas que ya están creciendo gracias a la colaboración de consejeros independientes.

Desde la compañía que he creado recientemente, Grau Innovation Consulting, hemos tenido oportunidad de incorporarnos en varios consejos asesores contribuyendo a generar impacto positivo y resultados que, sin duda, ponen de manifiesto el relevante papel que estos organismos aportan en la gobernanza y en el crecimiento de las empresas.

Tras la formación que he recibido en el IESE, junto con KPMG y ADE en el curso *De directivo a consejero*, me ha quedado claro que es mejor ayudar a las organizaciones desde una posición de consejero independiente en un consejo asesor, que entrar en el consejo de administración. Esto último solo lo recomiendo en aquellos casos en que se tenga una gran confianza con la propiedad y el accionariado de la empresa, así como con el equipo directivo, pues desde el consejo de administración asumes riesgos y responsabilidades civiles y penales que son relevantes.

Casos de éxito de consejos asesores

Entre los casos más recientes en los que he tenido ocasión de colaborar, encontramos el de una empresa especializada en aplicaciones de informática avanzada (AIA)

–liderada por Regina Llopis– y experta en Inteligencia Artificial, que en ese momento trabajaba para relevantes organismos internacionales como la NASA, pero que estaba teniendo un modesto crecimiento en nuestro país.

Gracias al apoyo que pudimos ofrecerles al incorporarnos en su consejo asesor, logramos aportar formación y acompañamiento para mejorar las competencias y habilidades comerciales de su equipo. De este modo contribuimos a conectar la compañía con el ecosistema, ajustando una propuesta de valor de mayor impacto. El resultado conseguido en estos últimos meses se ha traducido en tres contactos en grandes cuentas de nuestro territorio que, sin duda, generarán en los próximos años oportunidades de crecimiento y diversificación.

También, desde el consejo de administración de Durania –liderada por Eva Durán–, hemos participado en estos últimos tres años en decisiones clave de la compañía que afectan tanto a la organización como a los procesos de digitalización y al proceso de innovación.

Hemos llevado a cabo un acompañamiento en decisiones clave que apoyamos desde el consejo, como puede ser la monitorización del plan de sistemas o el plan de innovación, acompañando a la consejera delegada y a su equipo en la toma de decisiones en entornos complejos.

Un trabajo en equipo que ha permitido que, en estos últimos dos años, a pesar de la situación de incertidumbre y dificultades que ha generado el contexto de pandemia y de la guerra en Ucrania, la empresa haya dado un salto en crecimiento, alcanzando un récord en resultados de EBITDA.

En muchas de las conversaciones que mantenemos con fundadores, consejeros y directivos de organizaciones de distintos sectores nos comentan que no tienen una estrategia de tecnología y/o sistemas IT adecuada, que no saben qué tecnología deben usar o no están seguros de si la tecnología que están usando está madura para su negocio y en la mayoría de los casos desean generar nuevos ingresos a través de nuevos productos.

En el momento de mejorar y adaptar los planes de sistemas a las necesidades de la empresa es fundamental contar con los directivos para asegurar que las herramientas que se seleccionen (ERP, CRM, e-*commmerce*, *e-learning*, etc.) cubran las necesidades funcionales del negocio. No debemos olvidar que la clave en el uso de las nuevas herramientas pasa por optimizar los procesos para que estén alineados con las nuevas herramientas y, sobre todo, realizar con éxito una buena gestión del cambio y formación al personal. Ese acompañamiento de servicios y la labor de un profesional que asegure la integración de los diferentes sistemas es clave para los proyectos de éxito.

La madurez y profesionalización de los consejos hace que, además de los temas de cuentas anuales, auditoría y nombramientos, lleguen al consejo una creciente cantidad de temas estratégicos, como posibles ventas o compras de unidades de negocio (M&A), o bien temas como el plan de ciberseguridad y el plan de sostenibilidad que juegan un papel cada vez más relevante en las agendas de consejo.

La importancia de los consejos asesores

Si tu organización necesita reforzar su actual consejo asesor con consejeros independientes, para impulsar un mayor crecimiento en ventas, reducir costes de I+D y generar ingresos incrementales gracias a la innovación abierta, o mejorar la productividad de los equipos a través del uso efectivo de las nuevas tecnologías, es importante que consideres incorporar un equipo de consejeros independientes. Este refuerzo puede ayudarte con tus objetivos de sostenibilidad económica, inspirarte y contribuir en las iniciativas de impacto social para elevar el propósito de tu empresa ayudándote a dejar un mayor legado.

Los consejos asesores pueden ayudar en cuatro puntos:

1) El primer punto clave de los consejos asesores en las organizaciones es ayudar a incrementar las ventas. Esto implica desarrollar planes comerciales efectivos y capacitar a los equipos comerciales, especialmente en el ámbito de ventas B2B (*business-to-business*).

El proceso de aumentar las ventas incluye la elaboración de estrategias comerciales sólidas, la capacitación de los equipos de ventas para mejorar sus habilidades y técnicas de venta consultiva, y la identificación de oportunidades de crecimiento. Además, se busca establecer planes de alianzas y colaboraciones que permitan expandir el alcance de la empresa y llegar a nuevos mercados y clientes.

El enfoque en la estrategia comercial y en la colaboración con grandes clientes y socios comerciales es fundamental para aumentar la efectividad y lograr un crecimiento sostenible. Los consejos asesores desempeñan un papel crucial al proporcionar asesoramiento y apoyo en estas áreas para ayudar a las organizaciones a alcanzar sus objetivos de ventas y crecimiento.

2) El segundo punto en el que puede ayudar un consejo asesor es en la innovación. En la actualidad, existen numerosos centros de investigación, emprendedores y fuentes de innovación externas a la empresa, las cuales representan una valiosa oportunidad.

Aprovechar esta tecnología puede conducir a una reducción significativa en los costes de inversión en investigación y desarrollo, permitiendo así la creación de nuevos productos y servicios que generen ingresos adicionales en tu organización. Y el logro de estos incrementos implica asistir a las empresas en su búsqueda de innovación abierta, colaborando con terceros como centros de investigación, universidades, emprendedores y proveedores, entre otros.

Por eso, querido lector, los retos que tienen las organizaciones debido a la complejidad, la globalidad y la disrupción es imposible superarlos solos. Únicamente se pueden superar si uno se rodea de buenas alianzas, de los mejores desde el punto de vista de la innovación abierta, y explora oportunidades con terceros.

Es en este contexto donde también se identifica la oportunidad para muchas empresas de brindar apoyo en la formulación de estrategias de innovación, definiendo con precisión sus desafíos y buscando emprendedores y centros de investigación que puedan contribuir. A través de la colaboración con terceros, es posible acelerar y economizar el lanzamiento de productos o servicios que generen ingresos adicionales.

Por consiguiente, la innovación radica en la humildad ante los desafíos que se presentan, en la observación y comprensión de lo que acontece en nuestro entorno, y en la creación de colaboraciones con terceros. De esta manera, podemos aprovechar las ventajas de los ecosistemas que nos rodean para potenciar nuestra capacidad y ser más innovadores.

3) El tercer punto tiene que ver con la transformación digital. Como bien sabes, estimado lector, la digitalización está teniendo un impacto generalizado en muchas empresas, y muchas de ellas enfrentan desafíos en sus planes de sistemas. Por tanto, es crucial cuestionarnos si nuestro plan de sistemas es apropiado para nuestras necesidades. Esto es especialmente relevante debido al auge de la Inteligencia

Artificial generativa, la proliferación de agentes virtuales que respaldan una amplia variedad de funciones en puestos de trabajo, así como el crecimiento de la conectividad a través de diversos canales con clientes, empleados y colaboradores. Es precisamente por esta razón que la transformación digital se convierte en un componente fundamental para aumentar la productividad y la competitividad en las empresas. Quiero compartir contigo, querido lector, que muchas empresas nos solicitan asesoramiento en estas estrategias de digitalización y en sus planes de sistemas. Es a raíz de este desafío de digitalización, innovación, crecimiento y ventas, que hemos observado una demanda en el mercado, lo cual nos llevó a fundar Grau Innovation Consulting.

Sin duda, nuestro enfoque se orienta siempre hacia el apoyo a empresas con propósito, empresas que incluyan en su visión un compromiso, similar al nuestro, de priorizar el impacto social y mejorar la vida de las personas en su entorno, en paralelo a sus metas económicas.

4) El cuarto punto en el que el consejo asesor puede ayudar a una organización va ligado con el propósito de esta. Como consejeros, desempeñamos un papel fundamental en la asistencia a las organizaciones para desarrollar planes de sostenibilidad efectivos. Buscamos alinear el propósito de la organización con cuestiones de impacto social que permitan una conexión emocional entre los empleados, colaboradores y el ecosistema en relación con el proyecto. De esta forma, fomentamos una mayor implicación emocional y un sentimiento de orgullo entre nuestros empleados.

En resumen, querido lector, en la actualidad es crucial fortalecer los consejos asesores, idealmente incorporando profesionales independientes que puedan brindarte apoyo en tu estrategia comercial, de innovación, de digitalización y de sostenibilidad, con el fin de dotar a la empresa de un proyecto con más propósito y con un mayor impacto. Estos consejos asesores deben ser el motor de crecimiento y transformación de las empresas, siguiendo los cuatro puntos que he desarrollado previamente.

14.

Conclusiones

Siempre me preguntan: "¿Cuál es el secreto del éxito?"
Pero no hay secretos. Sé humilde. Ten hambre. Y
siempre sé el trabajador más duro en la sala.
Dwayne Johnson.

Poner el punto final a este libro es, sin duda, la tarea que me ha resultado más complicada hasta el momento.

Siento que todavía me quedan muchas experiencias y anécdotas por compartir y, sobre todo, muchas personas a las que agradecer. Como siempre digo, 40 años dedicados en cuerpo y alma a la innovación y la tecnología, dan para mucho.

Sin embargo, he intentado plasmar en estas páginas los aprendizajes más relevantes, aquellos que realmente han ido transformando mi visión de la innovación y la han dirigido hacia la búsqueda de un propósito superior que da sentido a cada pequeña acción emprendida.

Espero que estés de acuerdo conmigo, estimado lector, en que la tecnología no deja de ser un vehículo que nos permite facilitar y acelerar la innovación, pero es el uso que hacemos las personas y el sentido que le damos a los proyectos lo que permite impulsar iniciativas de impacto y propósito que mejoren nuestra calidad de vida.

Permíteme recordarte que...

Una vez más, nos toca continuar formándonos para que esas nuevas tecnologías, que ya son una realidad tangible, jueguen a nuestro favor, así como en el de todo el planeta, de manera ética e inclusiva, que nos ayude a no dejar a nadie atrás.

Es importante que abramos la mirada y entendamos que el camino que nos brindan las colaboraciones, las alianzas y la innovación abierta, es el más efectivo y rápido para abrir las puertas de nuestro I+D+i y hacer crecer nuestras organizaciones de forma exponencial sin desviarnos de nuestro propósito.

Y, por supuesto, nunca debemos olvidar que el talento de las personas, las de nuestros equipos y las del ecosistema que construyamos con clientes y colaboradores, constituye el activo más grande y valioso con el que contamos para generar ventajas competitivas sostenibles en el medio y largo plazo en nuestros proyectos.

Si algo tengo claro es que la innovación requiere directivos que ejerzan un liderazgo desde la humildad. Necesitamos líderes capaces de anticipar el futuro, adaptarse con flexibilidad y aportar una visión que genere un propósito aspiracional. No hay otro secreto que no sea el de observar, escuchar, aprender y desaprender constantemente, adaptarnos y mejorar para continuar avanzando.

Tenemos una oportunidad única frente a nosotros y es importante que asumamos nuestra parte de responsabilidad para continuar creciendo de un modo ético y sostenible.

Mi mayor deseo es que este libro te haya inspirado, aunque sea un poquito, permitiéndote reflexionar sobre el papel que la innovación con propósito desempeña en tu vida profesional y personal en la actualidad, así como la posición que deseas que ocupe en el futuro.

Espero que en estas líneas encuentres el impulso necesario para mantener tu apuesta firme.

Mi consejo personal: busca siempre el equilibrio entre el trabajo duro, realizado con pasión y energía, pero sin olvidarte de disfrutar de cada etapa. Impulsa objetivos aspiracionales que tengan impacto económico y social, y que te permitan aportar tu granito de arena al cumplimiento de los Objetivos de Desarrollo Sostenible. Da siempre lo mejor de ti para que, gracias a la tecnología y la innovación, podamos construir juntos un mundo que mejore la vida de las personas.

15.

Glosario

A continuación, encontrarás una explicación sobre algunos conceptos que aparecen en el libro con el objetivo de facilitarte su lectura.

1. **Benchmarking**: Se trata de una técnica empresarial que consiste en comparar los productos, servicios o procesos de trabajo de una empresa con los de otras empresas líderes en el mercado para medir y mejorar la calidad y el rendimiento de los propios productos, servicios o procesos.

2. **Big Data**: Sistemas de gestión de grandes volúmenes de datos.

3. **Brainstorming (Tormenta de ideas)**: Proceso creativo en el que se generan diversas ideas y se seleccionan las más interesantes.

4. **Equity**: Porcentaje de participación en el capital social de una compañía.

5. **Espacio de coworking**: Oficinas donde profesionales de múltiples empresas comparten espacios.

6. **Headhunters**: Profesionales expertos en selección de personal (conocidos como buscadores de talento).

7. **Intraemprendimiento**: Formar y capacitar al personal interno en capacidades y habilidades emprendedoras del ecosistema de startups, como las

metodologías ágiles o los análisis de modelos de negocio (por ejemplo, los modelos Canvas).

8. **Joint Venture**: Compañía fruto de la participación y unión de varias empresas.

9. **LegalTech**: Aplicaciones tecnológicas para el sector legal.

10. **Mainframe**: Gran ordenador para procesar grandes volúmenes de datos.

11. **Mentoring**: Aconsejar y acompañar a terceros para su crecimiento profesional y personal.

12. **SmartPhone**: Teléfono inteligente con microprocesador y conectividad a internet.

13. **STEM**: Ciencia Tecnología Ingeniería y Matemáticas (Science Technology Engineering and Mathematics).

14. **Telementoring**: Acompañar y guiar remotamente una actuación aprovechando sistemas de videoconferencia en tiempo real.

15. **Venture Builder**: Fábrica de startups. Organización que crea y desarrolla startups, proporcionando inversión y recursos estratégicos.

16. **Wereables**: Dispositivos electrónicos portátiles que llevamos encima (como pulseras, relojes o gafas) que incorporan tecnologías digitales.

16.

Bibliografía

Aragonés Ros, P. (2020). NO ME LIES: BÁSICOS ESENCIALES PARA UN LIDERAZGO MÁS HUMANO EN UN MUNDO DIGITAL. Seurat Ediciones.

Cabrera, J., & Cubeiro, J. C. (2017). *Redarquía: Más allá de la jerarquía.* Amazon.es: Libros.

Chuan, F. (2018). *AUTENTICIDAD.* Profit Editorial.

Chuan, F. *El mejor barómetro de la Innovación en la organización es su Índice de Cultura.*

Microsoft. (580). Microsoft Manufacturing Future Vision [Video]. YouTube. https://www.youtube.com/watch?v=lXUQ-DdSDoE

Microsoft. (580). Productivity Future Vision [Video]. YouTube. https://www.youtube.com/watch?v=a6cNdhOKwi0

Tataj Innovation. Network Growth Model for Innovation Leaders.

Todos los beneficios que Carlos obtenga con la venta de este libro se destinarán a Fundesplai (fundesplai.org), para ayudar a formar en competencias digitales a personas en situación de vulnerabilidad, promoviendo la inclusión digital, con el objetivo de que entre todos no dejemos a nadie atrás.